경매 신의 한 수

경매 신의 한 수

초판 1쇄 | 2016년 2월 1일

지은이 | 이성용
펴낸이 | 이금석
기획 · 편집 | 박수진
디자인 | 김경미
마케팅 | 곽순식
물류지원 | 현란
펴낸곳 | 도서출판 무한
등록일 | 1993년 4월 2일
등록번호 | 제3-468호
주소 | 서울 마포구 서교동 469-19
전화 | 02)322-6144
팩스 | 02)325-6143
홈페이지 | www.muhan-book.co.kr
e-mail | muhanbook7@naver.com

가격 14,000원
ISBN 978-89-5601-402-9 (03320)

경매 신의
한 수

이성용 지음

무한

프롤로그

지금까지 무한 출판사를 만나 《경매의 신》, 《월세의 신》, 《부동산의 신》까지 3권의 책을 시리즈로 출판하게 되었습니다. 2016년 또 다시 네 번째 책을 계약하게 되면서 깊은 고민에 빠지게 되었습니다. 차라리 지금까지 집필한 책이 인기가 없었고, 사랑을 덜 받았다면 이런 무게감도 없었을 것입니다.

요즘 음악 오디션 프로그램 보시나요? 대한민국에서 손꼽히는 에이전시 대표와 뮤지션인 심사위원들에게 극찬을 받은 참가자는 그 다음 무대에서 꼭 비평을 받습니다. 이유는 "잘한다! 잘한다!"라는 말을 듣고 나면 그 다음 무대를 준비하면서 더 잘해야 한다는 부담감에 오히려 어색하고 부족한 무대가 되어버리는 것이지요.

저 역시 참가자와 비슷한 심정이었지만 달리 생각하기로 하였습니다. 지금까지 집필한 책보다 더 스펙타클하고 더 화려한 기술로 내성이 생긴 독자분들께 인정받으려고 하는 것이 아닌, 지금까지 쓴 저의 책들을 타인이 집필한 것이라 여기고 '기본에 충실하여 처음으로 책을 집필한다'라는 마음으로 작업해나갔습니다.

그래서 지금까지의 책들과는 많이 다릅니다. 만화를 통해 경매 투자에 있어서 꼭 알았으면 하는 포인트와 투자자들이 맞닥뜨리게 되는 리스크(risk) 방어법 등을 최대한 간결하게 각 파트마다 정리했고, 만화만으로는 내용 전달에 한계가 있거나 더 나아가 설명이 필요한 부분들은 거침없이 꼬리를 물고 적어 내려갔습니다.

독자분들이 이 책을 읽고 나서 '와~ 이건 정말 최고의 책이다!'라고 하는 것을 바라지 않습니다. 다만 '음, 책값이 아깝지는 않네. 신선하고, 뻔한 이론들보다는 실전에 필요한 핵심기술만 쏙쏙 넣었는데도 쉽고 재밌게 읽혀서 좋네' 이런 평들만 올라와도 그날 밤 탈춤(?)을 추며 자축할 것 같습니다.

이 책이 경매초보자분들께 한걸음 아니 반걸음이라도 앞으로 나아갈 수 있는 밑거름이 되길 바랍니다. 감사합니다.

－이성용

목차

보너스─경매人이라면 이 정도는 꼭 알자!

Part 1

감정평가금액은
시세가 아니다

뭔 소리래유~
그 주택 1억 받으면 잘 받는 집인디.
시세가 그래유.
1억은커녕 요새 경기가 안 좋아서
8000만 원 정도에 내놔야 팔려유.

이번에 경매 낙찰받은
55-1 단독주택
3억에 내놓으려고요

정확한 공인중개사무소

ㅠㅠ

안 돼!!!!!!

여러분 감정가는 시세가 아닙니다.
아파트의 경우 비슷한 동종·비교 사례가 많아
시세와 감정가 차이가 크지 않지만,
상가와 토지는 감정가와 시세의 차이가
때에 따라서는 200배까지 나기도 한답니다.
낙찰가가 감정가 대비 300%에 달하기도 하지요.
그래서 입찰 전 현장답사를 통한
시세 파악이 매우 중요합니다

경매 공부를 조금이라도 해봤거나, 경매 법정에서 직접적이든 간접적이든 경험해본 분들은 잘 알고 있을 것이다. 만화로 본 내용을 실제 경매물건으로 한번 보자.

사례 1. 토지

2015.05.28 마산2계 **2014-8499**	45,440,000	낙찰
경남 창원시 마산합포구 진전면 오서리 358-1	45,440,000	(100%)
답 토지 264㎡ (66평)	104,066,500	(229%)

이 토지의 경우는 감정평가금액이 4500만 원에 산정되었고, 첫 매

각기일에 4대 1의 경쟁률로 감정평가금액 대비 229%인 약 1억 400만 원에 낙찰되었다.

사례 2. 아파트

 2015.01.12
아파트
포항2계 **2014-4140**
경북 포항시 북구 장성동 1608 현진에버빌 202
동 9층 907호 [성실로 50]
건물 86㎡ (26평)[38평형] | 토지 36㎡ (12평)
217,000,000 낙찰
217,000,000 (100%)
228,370,000 (105.2%)

이 아파트의 경우에는 감정평가금액이 2억 1700만 원에 산정되었지만, 첫 매각기일에 4대 1의 경쟁률로 감정평가금액 대비 105%인 약 2억 2800만 원에 낙찰이 되었다.

아파트의 경우 특수한 권리가 없으면 굉장히 많은 초보자분들이 응찰을 하는데, 대부분 급매가보다 낮은 금액을 입찰가로 산정하여 시세 대비 차익을 보고자 한다. 감정가가 현 2억 1700만 원인 아파트 실거래가를 표를 통해 확인해보자.

실거래가

	매매(만원)
국토부 **실거래가** (84.98㎡)	25,000 (84.98㎡ - 19층 / 2015.2) 23,300 (84.98㎡ - 17층 / 2015.2) 23,000 (84.98㎡ - 9층 / 2015.2) 28,100 (84.98㎡ - 19층 / 2015.1) 25,900 (84.98㎡ - 24층 / 2015.1)

정남향의 로얄 동과 층을 갖춘 호실의 경우에는 2억 5000~8000만

원을 형성하고 있으며, 그보다 조건이 좋지 않은 호실은 2억 3000만 원대의 실거래가를 형성하고 있다.

이 실거래가를 보고 앞 아파트 경매낙찰가를 보면 바로 답이 나온다. 이 경매물건의 경우, 정남향이고 로얄 층이라 아파트 거래에 있어서 'A급 조건'을 갖추고 있었다. 실거래가 하나만 두고 보아도 시세가 최소 2억 5000만 원이니(사례 2의 물건은 9층이고, 국토부 실거래가 9층이면 2억 3000만 원이지만, 여기서는 단순히 층이 아니라, 로얄 동 등 가장 좋은 조건(2억 5000만 원 이상)일 때와 그보다 좋지 않은 조건(2억 3000만 원)일 때 달라지는 실거래에 대해 말하려는 것이다. 로얄 층은 아파트 입지조건에 따라 탑층이 될 수도 있고 중간층이 될 수도 있다.) 감정평가금액보다 1100만 원 비싼 2억 2800만 원에 낙찰받았어도 대략 2000만 원 정도 벌고 들어가는 셈이다. 이는 현 일반 아파트 경매물건의 낙찰가 추이에도 부합하는 비율(시세의 90%)로 볼 수 있다.

그래서 경매법정에 가보면 다음과 같은 상황을 자주 볼 수 있다. 예를 들어 잘 알고 있는 아파트가 감정 1억 5000만 원에 경매로 나왔다. 경매 초보자는 속으로 쾌재를 외친다.

'오호~ 내가 이 동네 살아서 2억 정도 거래가 된다는 걸 잘 알고 있는데 감정평가금액이 1억 5000만 원이네? 사람들은 한번 유찰되어 떨어지면 그때 입찰하려 하겠지? 하지만 난 이 동네 시세를 아는 만큼 1억 5100만 원에 입찰해서 낙찰받으면 되겠다.'

또는 '지난번에 경매 학원에서 저평가된 물건에는 응찰자들이 감정평가금액보다 낮게 낙찰받으려 하는 성향이 있어 흙 속의 진주처럼 좋은 찬스가 될 수 있다고 했었지? 감정가가 1억 5000만 원이니까 감정평가금액에 200만 원 더 얹어 입찰해야겠다.'

이 사람이 과연 승자가 될 수 있었을까? 경매시장에 대한 정확한 이해 없이 말이다. 입찰 결과를 보자. 10명의 응찰자 중에서 7명은 1억 5100~1억 5500만 원으로 우르르 응찰한 뒤 기도하고 있었고, 경매시장을 이해하고 요행이 통하지 않는다는 것을 아는 나머지 투자자들은 1억 7900~1억 8100만 원으로 응찰하였다. 현실적으로 그 3명 중 하나가 낙찰받아 축배를 들게 될 것이다.

<神의 한 수>

경매에서 낙찰가를 어떻게 판단할까?

1. 일반 물건에 대한 경매컨설팅 의뢰가 들어오면 해당 물건과 권리관계상 위험도가 가장 흡사하고 물리적으로도 가장 비슷한 물건들을 추려내 낙찰가 추이로 통계를 낸다.

단순히 언론 기사의 통계자료(낙찰가 추이는 경매데이터정보업체인 지지옥션이나 굿옥션 등의 데이터베이스를 기초로 하여 통계를 낸다. 경매에 관심이 있으면 누구나 찾아볼 수 있는 내용이고, 그 데이터베이스를 토대로 한 기사가 나오기도 한다.)를 보고 ○○지역 감정평가금액 대비 몇 %의 낙찰가율로 계산하지 않는다.

2. 감정평가금액은 무시하고 각 물건마다의 실거래가를 별도로 파악한 뒤 그 시세 대비 낙찰가율만 수집하여 통계를 다시 낸다.

실무상의 이런 과정만 봐도 입찰 당시 감정평가금액이 얼마나 의미가 없는지 알 수 있을 것이다.

감정평가금액은 아무 쓸모도 없는 것일까?

아니다. 경매 실무에 있어서 낙찰 후 무단 점유자(불법점유자)에게 부당이득반환청구를 하거나, 토지를 낙찰받고 해당 건물소유자에게 지료(地料)를 청구하는 등의 행위가 필요할 때 감정평가금액을 기준으로 한다. 이때는 감정평가금액이 중요하다.

물론 대부분 법원에서 재감정을 하지만, 이러한 사안에 처했을 시를 대비해 미리 계산하여 변수에 대응할 수 있게 되는 것이다.

1. 100전 100승 경매 낙찰가 산정

감정평가금액은 무시하고, 해당 물건과 권리관계상 위험도가 가장 흡사하고 물리적으로도 가장 비슷한 조건의 물건들을 추려 그 평균으로(시세 대비 몇 %에 낙찰되었나 등) 통계를 낸다.

동시에 해당 물건의 상권분석, 토지시세 추출, 임대수익률 추정, 미래가치 등을 종합적으로 고려하여 낙찰가로써의 적정금액을 산정해내면 금상첨화다.

'감정평가액 ≠ 시세'

2. 감정평가금액은 낙찰 후 무단 점유자(불법점유자)에게 부당이득반환청구를 하거나, 토지를 낙찰받고 해당 건물 소유자에게 지료를 청구할 때 필요하다.

Part 2

유치권 행사!
현황조사서 내용 하나로 명도 후 수익

경매 투자를 하면서 가장 흔히 볼 수 있는 특수한 권리 중 한 가지가 바로 '유치권'이다. 만약 낙찰받고자 하는 부동산에 진짜 유치권자가 있다면 채권금액을 인수해주지 않고서는 낙찰을 받아 해당 부동산의 소유자가 되었다고 하더라도 권리주장을 하지 못하는 경우가 생길 수 있다. 따라서 유치권이라는 권리는 '초보 투자자들에게 회피 대상'이 되지만, '고수들에게는 기회의 대상'이 되기도 한다. 만화를 보기 전에 유치권이 무엇인지 알아보자.

> **유치권**
> 타인의 물건이나 유가증권(有價證券)을 점유하고 있는 자가 그 물건 또는 유가증권에 관하여 발생한 채권의 변제를 받을 때까지 그 물건 또는 유가증권을 유치하는 권리(민법 제320조~제328조)

이해를 돕기 위해 쉬운 예를 들어보겠다. 내가 만약 갑돌이의 옷을 세탁소에 맡겼다. 며칠 뒤 세탁소에 가 세탁된 옷을 찾으려는 찰나, 가방을 뒤져보니 지갑을 놓고 왔다.

이때 나는 이렇게 이야기해볼 수 있다.

"저기 죄송한데요. 지갑을 놓고 왔는데 내일 가져다 드릴테니 옷 좀 주세요."

그럼 세탁소 주인은 이렇게 이야기를 할 것이다.

"그럼! 옷도 내일 찾아가세요."

얼마 후, 옷을 맡긴 내가 아니라 진짜 옷의 주인인 갑돌이가 세탁소에 찾아왔다.

"세탁소 사장님, 저는 이 옷을 맡기라고 얘기한 적도 없고요, 제 옷이니 옷 주세요."

이때 세탁소 주인은 이렇게 대답할 것이다.

"누가 옷의 주인인지는 관심 없고, 난 이 옷을 세탁했으니 내가 일한 대가를 받기 전에는 이 옷을 그 누구에게도 돌려줄 수 없네."

이게 무슨 뜻인가? 세탁소 주인은 의뢰받은 대로 세탁을 해줬고 그에 대한 대가로 약속된 돈을 지불받아야 하는데, 상대방이 돈을 내고 세탁물을 가져가야 할 의무를 이행하지 않자 세탁소 주인에게 해당 세탁물을 유치할 수 있는 권리가 생기는 것이다. 동시에 법률적으로도 제3자에게 자신의 권리를 주장할 수 있는 대항력이 생기기 때문에 진짜 옷 주인이 나타나 내 옷을 달라고 해도 콧방귀를 뀌며 무시할 수 있다는 말이 된다.

유치권은 민법상 '물권(물건을 지배할 수 있는 권리)'이라 한다. 이러한 물권들은 원칙적으로 등기를 함으로서 효력을 유지하기 때문에 우리가 등기부등본을 열람하게 되면 쉽게 권리들을 볼 수 있고, 권리분석을 통해 낙찰 후 말소 여부를 확인할 수 있다.

하지만 예외적으로 유치권은 등기를 하지 않고 채권이 발생한 목적 부동산을 점유하고 있음으로써 효력이 유지된다. 또한 유치권이라는 권리는 등기부등본에 나타나지 않고, 유치권이 있는 물건을 낙찰받으면 '유치권 부존재소송 및 명도소송' 등을 준비해야 하는 번거로움이 있다. 이때 소송은 돈과 관련된 문제를 다루는 '민사소송'이기 때문에 누가 승소하느냐에 따라서 경제적 부담의 결과는 완전히 달라질 수 있다. 따라서 유치권이라는 권리는 초보자에게 두려움의 대상일 수밖에 없는 것이다.

이런 경우를 생각해보자. A라는 토지 소유자가 B라는 공사업자에게 단독주택 건축을 의뢰했다. B는 단독주택을 짓고 나면 공사비를 받기로 하고 단독주택을 완성시켰지만, A라는 토지 소유자의 재무상태가 악화되면서 단독주택이 경매로 넘어가버렸다. B라는 공사업자는 공사대금을 받지 못해 해당 단독주택에 대하여 유치권 행사를 하고 있다.

이 물건에 관심이 가서 자세히 알아보니 '감정평가금액은 2억, 법원에 유치권신고를 한 공사업자가 주장하는 유치권공사대금은 1억'이었다고 가정하자.

만약 유치권을 행사하고 있다는 것을 모르고 낙찰받았다면, 낙찰 후 1억 원을 더 인수해야 하기 때문에 실패한 투자가 될 수 있다. 배보다 배꼽이 더 큰 경우다.

반대로 유치권은 법정담보물권으로서 법률로 정해놓은 조건에 모두 부합해야만 진정한 유치권자로서 권리를 주장할 수 있기 때문에, 현장조사와 분석을 통하여 '해당 유치권 주장자가 법률에서 정한 조건에 부합하지 않는다는 객관적 증거'들을 만들어낸다면 낙찰받은 뒤 유치권 주장자를 무너뜨릴 수가 있다. 그래서 고수들에게는 유치권이 기회가 되기도 한다는 이야기를 한 것이다. 유치권신고 금액 때문에 낙찰가가 하염없이 떨어지고 있을 때 반값에 낙찰을 받아 유치권자를 계획대로 무너뜨린다면 2배 수익이 가능해진다는 의미다.

만화를 통해 유치권과 관련된 알짜정보를 알아보기 전에 '유치권의 대표적인 성립조건'에 대해 거시적으로 간단히 알아보자.

유치권의 대표적인 성립 조건

1. 물건과 유가증권을 대상으로 한다.
(물건이어야 한다는 뜻으로 이해하면 된다. 사람을 유치할 수는 없지 않은가. 사람을 유치할 수 있는 것은 교도소와 파출소뿐이 없다.)

2. 채권이 유치권의 목적물에 관하여 생긴 것이어야 한다.
(돈 받을 권리가 반드시 유치권을 주장하는 해당 부동산으로부터 생겼어야 한다는 말로 이해하면 쉽다.)

3. 채권이 변제기에 있어야 한다.
(약속대로 돈 받을 날짜가 되었음에도 돈을 주지 않을 시에만 인정된다는 이야기다.)

4. 유치권자는 타인의 물건, 기타 유가 증권의 점유자이어야 한다.
(반드시 해당 목적물을 점유하고 있어야 한다는 의미다.)

5. 유치권의 발생을 배제하는 법령상, 계약상의 사유가 없어야 한다.
(처음부터 서로 간의 약속을 통해 유치권 행사를 하지 않기로 하는 특약이 없어야 한다는 뜻이다.)

위 5가지 대표적인 성립조건 중 한 가지라도 어긋난다면 유치권은

무너진다.

4번을 주목해보자. 유치권자는 해당 목적물을 점유하고 있어야 하고 그 점유는 돈을 받을 때까지 지속되어야 한다고 했다. 이 내용에서 더 미시적 조건들을 따져보면 경매 투자를 하는 데 있어서 유치권자를 쉽게 무너뜨릴 수 있는 조건이 한 가지 있다.

'경매가 진행되는 경매개시결정등기 이전부터 점유하고 있어야 한다.'

만약 경매개시결정등기 이후부터 유치권을 이유로 점유하였다면 그 유치권자는 경매 낙찰자에게 대항할 수 없고 부동산을 인도해줘야 한다.

어쩌지? 유치권은 건물의 객관적 가치를 증대시켜야 하는데, 저 인테리어 업자는 건물과 관계 없이 소유자의 만족을 위해 도배하고 싱크대, 화장실을 공사한 거밖에 없어서 유치권이 성립되지는 않아. 하지만 싸우기는 싫고, 귀찮기도 한데... 그래, 법원으로 가자!

매각불허가 신청합니다! 제 입찰보증금 돌려주세요

저는 법원의 현장조사서를 보고 입찰했는데 막상 낙찰 후 가보니 '소유자' 점유가 아니고 '유치권자'가 점유하고 있어서 권리상의 큰 하자가 발생했습니다. 이래도 매각불허가 사유가 안됩니까? 저만의 책임입니까?

31

다시 한 번 정리해보자. 경매개시결정등기가 된 이후, 집행관은 현황조사를 나가 현황조사서를 경매계에 전달하게 된다. 이 현황조사서는 경매 응찰자들에게 중요한 정보가 된다. 여기서 포인트는 '현황조사서가 경매개시결정등기 이후'에 만들어진다는 것이다.

만약 현황조사서에 현 부동산의 점유자가 '소유자 점유'라고 적혀 있다면?

→ 유치권자는 경매개시결정등기 이전부터 점유를 한 것이 아니라는 뜻!

경매개시결정등기 이전부터 점유를 했다면 집행관의 현황조사서에 '유치권자 점유'의 내용이 있어야 하는 것이 아닌가? 만약 현황조사서에 소유자가 점유를 하고 있다고 명시가 되어 있었다면 유치권자의 운명은 둘 중 하나가 된다.

경우 1

낙찰자가 만화에 나왔던 것처럼 법원에 '매각불허가 신청'을 할 수 있다. 이건 현황조사서에 소유자가 점유하고 있다고 했기 때문에 낙찰자가 그것을 믿고 낙찰받았으나, 유치권자가 점유를 하고 있는 것으로 확인되어 권리상의 심각한 하자가 될 수 있는 변동사항이 발생했기 때문이다.

따라서 입찰 당시 제출한 입찰보증금을 돌려주고 매각은 불허가해 달라고 하여, 낙찰자는 새로운 경매물건을 다시 찾아볼 수 있고 유치권자는 지속적으로 점유를 할 수 있는 경우다.

경우 2

낙찰 후, 집행관의 현황조사서에 소유자가 점유하고 있다는 내용을 객관적 근거로 법원에 유치권자에 대한 인도명령신청을 한다. 이 경우 소송 없이도 유치권자에 대한 인도명령결정문을 법원으로부터 받아내 유치권자를 강제집행으로 정리해버릴 수 있다.

이것은 현황조사서상의 '소유자 점유'가 '유치권자가 경매개시결정 등기 이후부터 점유하였다'는 객관적 증거자료로 인정이 된다는 의미다. 즉 이미 확실한 근거자료가 있기 때문에 누구의 말이 맞는지 확인을 해보고 판결을 하는 소송으로 가는 것이 아니라, 인도명령신청으로 결정문을 받아 간단히 유치권자를 강제로 명도해 버릴 수 있다.

만약 2억짜리 단독주택이 경매로 진행되고 있고, 유치권자의 유치권 신고가 접수되어 있다고 가정하자. 대개 초보자들은 '어라? 유치권자가 유치권 주장을 하고 있네? 에잇! 차라리 다른 물건을 보자' 해버린다.

하지만 이런 물건을 잘 공략하면 낮은 경쟁률에 낮은 금액으로 낙찰받을 수 있다. 유치권신고금액을 인수하지 않고 낮은 금액으로 낙찰받으면 그만큼 수익을 남길 수 있는 기회가 될 수 있다는 뜻이다.

<神의 한 수>

낙찰 후 점유자를 명도하는 2가지 방법

소송사건

소송 → 승소 판결문 → 판결문을 집행권원으로 점유자 강제집행

(시간과 비용에 있어서 부담이 많고, 패소한다면 실패한 투자가 될 수도 있다.)

결정사건

신청 → 결정문 → 결정문을 집행권원으로 하여 점유자 강제집행

소송사건이 아니라 신청사건이라는 것은 '1+3=5 VS 1+2=3' 둘 중에 어느 주장에 손을 들어줄 것인지 다루어 보아야 할 내용이 아니라,

누가 보아도 '1+3=5'가 맞는 상황에서 판사님이 직접 '1+3=5'라고 해줘야만 절차에 따라 진행되기 때문에 '신청'을 통해 해결하는 것이다. 여기서 쟁점은 간단히 확인만 하고 결정해주면 되는 것이기 때문에 시간이 적게 들고 비용 부담도 적다.

유치권은 원칙적으로 소송사건으로 정리가 되지만, 앞에 만화에서는 예외적으로 신청사건의 절차를 통해 정리되는 사안을 설명한 것이다.

'인도명령신청→인도명령결정'

강제집행 과정
드라마나 영화에서 한번씩 봤던 것과 똑같다. 어깨들이 아니고 법원집행관이 인력사무소에서 인력들을 충당하여 법의 힘으로 집기를 끌어내는데, 여기서 반항하면 경찰 불려 끌려간다.

유치권 물건 반값 낙찰 후 명도할 수 있는 모델

앞서 이야기한 것과 같이 유치권이라는 채권은 공사대금채권이 주를 이룬다. 유치권은 공사대금에 대한 채권이 회수되지 않을 시 주장할 수 있는 절대적인 권리이기 때문이다. 이번에는 다른 성격의 유치권을 어떻게 논리적으로 무너뜨려 수익을 낼 수 있는지 만화로 먼저 알아보자.

공사를 계약하고 공사 중에 돈을 못 받아
작업을 중단하셨지요?
건물 유치권자인데 무엇을 하셨지요?
철근 조금 올라간 거 빼고는 아무것도 없는데요?
'지붕, 기둥, 주벽이 모두 갖추었을 때'
비로소 건물 즉, 하나의 부동산이 되는 겁니다.
그런데 지금은 건물이 아니기 때문에
그저 제 토지의 부합물일 뿐입니다.
그리고 저는 토지를 낙찰받은 사람이지
건물을 낙찰받은 사람이 아닙니다.
따라서 유치권을 행사할 자격이 없으십니다

39

결국 5억짜리 토지를 1억에 낙찰받아
'건축 허가, 증축할 수 있는 권리'를
온전히 가져온 뒤
중개업소에 4억에 급매로 팔았습니다

안 돼에～

이 만화의 스토리는 이렇다. 甲이라는 토지 소유자가 토지 위에 부동산을 건축하여 자산의 수익성을 더욱 높이기 위해서 건축업자와 계약을 하였다. 건축업자는 약속대로 건축을 해주고 그 대가를 받기 위하여 건축허가를 받고 난 뒤 착공에 나섰지만, 건축 중 토지 소유자인 甲의 채무 상태가 악화되어 토지가 그만 경매에 넘어가버리고 만 것이다. 결국 이 사실을 알게 된 건축업자는 공사를 중단하고 토지 소유자에게 대금지불을 요구하게 되었다.

甲에게는 지금 당장 지불할 수 있는 여력이 없어(이미 현금이 유동성이 얼어붙었을 가능성이 높다) 회수가 안 될 것이 뻔했다. 그래서 건축업자는 이리저리 알아보고 법률전문가의 조언을 통해 '유치권'이라는 권리행사를 하기 시작한 것이다.

콘크리트와 철근들만 올라와 있는 상태(공사 중단)에서 경매가 진행되었기 때문에 일반 경매인들에게 온전하고 일반적인 토지로 보일 리가 없다. 이러한 경우 실제로 '유치권'뿐만 아니라, '법정지상권' 문제도 함께 생길 수 있다.

> **법정지상권**
> 토지 위에 건물이 있는 경우, 그 건물에 대하여 법률로 정한 조건들이 충족되면 건물 소유자에게 해당 토지를 길게는 30년까지 사용할 수 있게 해주는 권리

만약 법정지상권이 성립하면 유치권을 무너뜨리더라도 토지 위에 중단된 상태의 대상물들을 철거도 못하고 증축하지도 못하는 결과가

초래할 수도 있기 때문에 초보자들에게 이런 물건은 '기피 대상 1순위'로 보이기 쉽다.

아니나 다를까? 앞과 같은 조건의 물건이 나오면 토지 감정가 대비 20%까지 유찰되어 최저 입찰가능금액이 뚝뚝 떨어지게 된다. 이러한 조건일 때 어떻게 수익을 낼 수 있는지, 앞서 본 만화의 사례로 조금 더 깊이 살펴보자.

1. 유치권 문제

건물공사대금 때문에 유치권을 행사하고 있는 상황이다. 하지만 경매가 진행된 것은 건물이 아니라 토지이며, 새로운 토지 소유자에게는 유치권을 행사할 수 없다. 이러한 경우 '유치권부존재소송'을 하면 유치권자는 명도될 수밖에 없다. 이 소송에 있어서 유치권의 성립요건인 '점유 시기, 점유의 지속, 채권의 변제기 도래, 목적물과의 견련성' 등은 아무런 의미가 없다.

2. 법정지상권 문제

법정지상권이 성립되기 위해서는 지붕, 기둥, 주벽 이 3가지가 모두 충족되어야 한다. 만약 이 중에서 딱 한 가지라도 빠진다면 건물이 아니다. 법정지상권은 부동산으로 인정이 되어야만 성립할 수 있다. 건물이 아니니 부동산도 아니다. 따라서 법정지상권을 논할 수 없게 된다.

공사 중단된 지상물들이 건물로서 인정받기 위해서는 토지를 낙찰받고 잔금납부를 완료하기 전까지(약 한 달) 지붕, 기둥, 주벽 3가지를 갖추어야 한다. 그렇기 때문에 현실적으로 불가능한 지상물이 있는 경우에 입찰하는 것이 좋다.

여기서 여러분들이 매우 조심해야 할 것이 있다. 지상에는 건물로 볼 수 없는 정도까지만 공사가 진행되었지만, 건축법상 해당 건물을 짓기 위해 지하주차장을 만들어야 한다거나 지하의 상가를 만들 계획이 있어서 지하를 먼저 공사하였다면 이야기가 달라진다.

지상에 지붕, 기둥, 주벽이 없을지 모르나, 지하가 3가지 조건이 모두 충족된 상태라면 법률상 건물로 인정받아 법정지상권이 성립될 수 있다. 이렇게 되면 건물 소유자와의 분쟁으로 목표로 한 수익과 환금 기간이 달라질 수 있다.

하지만 사실 냉정하게 따지면 큰 리스크라고 볼 수 없다. 이유는 그 지상물이 건물로 인정받고 법정지상권이 성립한다고 하더라도 그 지상물의 소유자는 유치권자도 아니고 경매 낙찰 전의 토지 소유자인 甲이다. 하지만 甲은 경매로 넘어가는 토지를 지켜내지 못할 만큼 채무상태가 좋지 않기 때문에 법정지상권이 성립하더라도 지료를 내지 못할 것이다.

또한 지료를 내야 할 이유도 없다. 지하만 있는 구조물은 쓸모가 없기 때문이다. 결국 지료가 2년이 연체되면 토지 소유자의 통보만으로 법정지상권은 소멸된다.

이 2가지 권리관계상 분쟁을 해소한 뒤 남은 것은 싸게 낙찰받은 물건을 정상가에 매도하는 것이다. 하지만 토지 위에 지상물의 문제 때문에 토지 양도에 어려움이 있을 수 있다. 최초의 지상물이 생기기 전 과거 토지 소유자인 甲은 건축허가를 받고 공사를 시작한 것이기 때문에 반드시 이 건축허가권을 새로운 토지 소유자인 나에게 이전시켜 주어야만 증축할 수 있기 때문이다.

이런 이유로 경매 투자를 하시는 분들이 많이 힘들어 하는 모습을 본다. 甲(전 토지 소유자)의 동의서가 있어야만 허가권을 승계받을 수 있기 때문에 비협조적이고 상당한 대가를 바라는 경우가 많기 때문이다. 하지만 어느 정도 법률 공부를 해본 분들은 건축허가권을 비용 한 푼도 들이지 않고 가져오는 방법을 알고 있다. 지금부터 알아보자.

3. 건축허가권 승계 문제

건축법 시행규칙 제11조(건축 관계자 변경신고)

①법 제11조 및 제14조에 따라 건축 또는 대수선에 관한 허가를 받거나 신고를 한 자가 다음 각 호의 어느 하나에 해당되는 경우에는 그 양수인·상속인 또는 합병 후 존속하거나 합병에 의하여 설립되는 법인은 그 사실이 발생한 날부터 7일 이내에 별지 제4호 서식의 건축관계자변경신고서에 변경 전 건축주의 명의변경동의서 또는 는 권리관계의 변경되는 사실을 증명할 수 있는 서류를 첨부하여 허가권자에게 제출(전자문서로 제출하는 것을 포함한다)하여야 한다.

[개정 2006.5.12, 2007.12.13., 2008.12.11, 2012.12.12]
1. 허가를 받거나 신고를 한 건축주가 허가 또는 신고 대상 건축물을 양도한 경우
2. 허가를 받거나 신고를 한 건축주가 사망한 경우
3. 허가를 받거나 신고를 한 법인이 다른 법인과 합병을 한 경우

이 박스 안의 글 중에서 다른 색으로 표시된 글자를 보길 바란다. 이해가 되는가? 원칙적으로는 '건축관계자변경신고서에 명의변경 동의서'를 받아야 하지만, '권리관계의 변경 사실을 증명할 수 있는 서류가 있다면 그것으로 족하다'는 내용이다.

그리고 판례를 보면 민사집행법상 경매절차를 통하여 낙찰을 받고 잔금납부를 한 확인서도 권리관계의 변경 사실을 증명할 수 있는지의 여부에 대하여 '적극'하였다. 무슨 소리냐면 '인정해준다'는 소리다.

앞서 언급한 것처럼 '허가사항'이 아니라 '신고사항'이기 때문에 시청 건축과를 가서 경매 '잔금납부완납증명서'를 제출하고 신고만 하면 처리가 된다는 이야기다. 단, 잔금 납부 후 1주일 내에 신고해야 한다는 점은 명심하자.

그리고 시청을 찾아가 문의하면 시청 공무원들도 잘 모르기 때문에 위 시행규칙의 내용을 인쇄해 간 뒤 직접 확인해보라고 하면 될 것이다. 저자도 최근 이와 같은 내용으로 건축허가권을 정상적으로 명의 변경한 경험이 있다.

이렇게 하여 3가지 조건을 모두 충족시키고 나면, 토지를 매수하려는 새로운 사람에게 건축허가권을 정상적으로 승계시켜줄 수 있다(건축허가 내용에 따라 건축물을 완성해나가면 된다). 이렇게 정상 매물 조건으로 만든 뒤 토지전문 중개업소 여러 곳에 의뢰를 해놓으면 내가 토지전문가가 아니더라도 토지전문 영업자인 중개업소 소장님들께서 거래를 성사시켜 줄 것이다.

결국 1억짜리 대지를 20% 가격인 2000만 원에 경매를 통해 매수했다면 급매가 8000만 원에 매도해도 세전 수익으로 몇 배의 자본수익이 가능한 모델이 되는 것이다.

하지만 진짜 조심해야 하는 경우가 한 가지 있으니 꼭 참고하자. 대지 위에 건축이 중단된 지목이 '토지'가 아니라 '농지(전·답)'인 경우에는 얘기가 완전히 달라진다.

<神의 한 수>

지목이 농지인 경우

앞과 같은 물건 중에서 분명 현황상은 '대지'인데, 지목은 '농지'로 되어 있고 경매 매각물건명세서에 '농지취득자격증명(이하 농취증)'을 제출하지 않을 시 입찰보증금 몰수라고 적혀 있는 경우가 있다. 솔직히 이때는 굉장히 위험해질 수 있다.

무슨 말이냐면 낙찰 후 1주일 이내 '농취증'을 제출하지 않으면 매각 허가는 당연히 나지 않고 입찰보증금까지 몰수해버린다는 뜻인데, 이 농취증을 받는 절차가 간단하지 않다.

현황상 농사를 지을 수 있는 농지가 아닌데 어떻게 농지취득자격증명서를 해당 구·군·읍·면사무소에서 발급받을 수 있겠는가? 해결방법을 알아보자.

농취증은 나오지 않고 반려증이 나온 경우

제출기일은 임박해오는데, 나오라는 농취증은 안 나오고 반려증이 나올 수 있다. 이때는 당황하지 마시고 반려증의 사유를 잘 읽어보자. 대한민국의 법은 '현황주의'를 취하고 있기 때문에 사실상 농지가 아니라면 농취증이 나올 수 없는 것이 원칙이다.

만약 사유에 '사실상 대지화'가 되었다는 내용이 있다면 그 반려증을 법원에 제출하면 농취증 없이 허가가 정상적으로 나온다. 절대 반려증이 나왔다는 이유만으로 면사무소 생수기를 엎어버리거나 소리치며

"면장 나오라 해~!!!! @$#@#$@ 너희들이 농취증 안 주면 나 입찰보증금 날린단 말야~~!!!! ㅠㅠ XXXX야.......ㅠㅠ."

이러면 곤란하다. 농사 지을 땅이 아니기 때문에 농취증을 주지 못하는 것은 당연한 것이다.

반려증의 사유가 '무허가 불법 건축물'이 있어서인 경우

반려증 사유 내용에 '원상복구'를 하면 농취증을 내준다는 내용이 있을 수 있다. 이 반려증은 법원에 제출해도 불허가가 떨어지며 입찰보증금을 몰수당한다. 그런데 생각해보자. 내가 소유자도 아니고 낙찰자인데, 어떻게 원상복구를 할 수 있겠는가? 그렇지 않은가?

그런데도 불구하고 이에 대한 선행 판례들이 없어 저자 또한 애매한 답변밖에 못하는 게 너무 답답하다. 위반건축물이 있다면 면사무소에서 철거계획서를 내면 미리 농취증을 발급해주는 곳도 있다. 만약 그렇게 된다면 다행이다.

하지만 그렇지 않다면? 이건 너무 억울하다. 그렇기 때문에 미리 입찰 전 농취증이 나올 수 있는지 여부부터 면사무소를 통해 확인해야 한다. 만약 농취증 발급 여부를 확인하지 못했는데 이미 낙찰받은 상태라도 방법이 있기는 하다.

하지만 저자도 해보지는 않았다는 점을 미리 밝힌다.
방법은 1→2→3→4 순서로 간다. (1번이 안 되면 2번, 2번이 안 되면 3번 순)

1. 농지전용허가는 받았지만 건축물은 허가를 받지 않은 상태라면 전 소유자의 건축행위(사업이라 칭함)를 그대로 승계받아 진행한다는 조건하에 사업계획서를 적거나, 진행하지 않고 철거해서 없애겠다는 주장으로 농취증을 미리 요구한다.

2. 판사를 찾아가 내용이 어찌하든 결과적으로 '사실상 대지화'가 되었으니 농취증이 당연히 필요 없음을 이유로 허가를 요청한다.

3. 면사무소에서 농취증을 내주지 않은 것에 대한 행정소송을 한다. 요지는 사업계획서도 적었고, 철거계획서도 적었는데 왜 농취증을 미리 안 주는지에 대한 것이다. 농림수산식품부 사무지침에 이러한 경우 처리해주라는 내용이 있다.

4. 3번 방법까지 썼는데도 안될 시에는 불허가가 나고 입찰보증금을 몰수당하게 될 것이다. 이때 불허가에 대한 불허가항소소송을 하는 것이다.
"결과적으로 대지인 상태에서 농지취득에 대한 자격증명을 받아오라는 것은 판사님의 판단이 잘못된 것입니다. 낙찰자는 소유자가 아니므로 원상복구를 할 수 없는 지위에 있음에도 이를 못함을 이유로 안 나온 농취증에 대하여 불허가 후 낙찰자의 입찰보증금의 몰수된다면 이것은 굉장히 불합리한 것입니다. 대한민국 법은 현황주의임에도 불구하고 현재 농지가 아닌데, 농취증을 가지고 오라는 것은 분명 잘못된 것입니다."
이런 내용으로 항변한다면 아마도 승소할 확률이 높다. 아니 90% 이상이라고 본다.

결론적으로

1. 미리 농취증에 대한 내용을 사전 체크할 것

2. 지목이 '대지'인 토지 위에 건축이 중단된 물건에 입찰할 것

이 가이드라인 내에서 경매에 참여하는 것이 정신 건강에 좋다.

Part 4

경매 물건에
미납관리비가 많을 때 대처법

경매를 하다 보면 점유자를 명도할 때 연체된 미납관리비를 두고서 분쟁하는 경우가 많이 생긴다. 미납관리비가 연체되는 이유는 크게 2 가지다.

1. 소유자의 채무 상태가 악화되면서 경매까지 넘어간 경우
(소유자가 거주할 경우)
: 관리비를 진짜 납부할 수 있는 여력이 되지 않을 수 있다.

2. 해당 부동산의 임차인이 연체하는 경우
: 이때는 고의성이 짙다. 보통 자신이 임차하여 거주 중인 부동산이 경매에 넘어가게 되면 자신의 임차보증금을 받지 못할 수도 있다는 두려움이 생기면서 여러 곳에 법률적으로 자문을 구하게 된다. 이때 보증금을 받을 수 있는 방법을 듣다 보면 자연스레 이런 유혹이 생기게 된다.

'새로운 경매 낙찰자가 생길 때까지 미납관리비와 각종 요금은 내지 않고 최대한 거주하다 나가자.'

경매개시결정이 된 후 경매낙찰자가 생길 때까지 보통 6개월~1년이 걸리지만, 권리관계상 복잡한 내용들로 인해 응찰자가 빨리 나타나지 않거나 그 외 기타 문제들이 생기면 2년까지도 관리비 정산 기간이 지연될 수 있기 때문이다.

극단적인 예를 들면 경매절차상의 지연으로 2년간 해당 부동산의 미

납관리비가 연체되고 이자까지 쌓여 있다면 이것은 낙찰자가 액땜(?)한다는 생각으로 법률상 의무 없이 대신 미납관리비를 내줄 수 있는 금액의 범주를 넘어설 가능성이 굉장히 크다. 이때는 소유자가 점유를 했든 임차인이 점유를 하며 연체를 했든 관계없이 낙찰자가 도저히 부담할 수 없는 수준이 되어버리는 것이다.

그런데 관리사무소장은 미납관리비 전액을 정산해주지 않을 시 입주시켜주지 않겠다고 한다. 여러분은 어떻게 하겠는가? 다양한 방법과 노하우들이 있지만 그래도 책이다 보니 법률적으로 가장 확실한 방법을 알려주려 한다. 먼저 만화로 이해해보도록 하자.

관리소장님,
제가 낸 미납관리비 중에
전유부분(전기, 수도, 가스)
요금은 모두 돌려주세요

황당

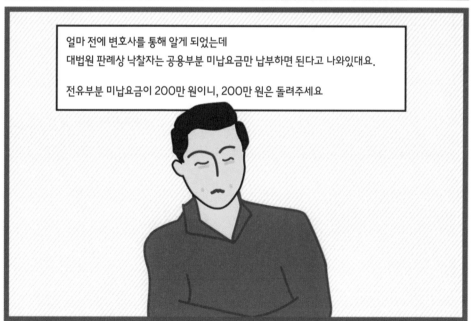

얼마 전에 변호사를 통해 알게 되었는데
대법원 판례상 낙찰자는 공용부분 미납요금만 납부하면 된다고 나와있대요.

전유부분 미납요금이 200만 원이니, 200만 원은 돌려주세요

관리소장이 전 점유자의
전유부분 관리비까지 저에게 요구하여
지불했으나, 대법원 판례를 보면
낙찰자는 공용부분만 인수하라고
판결하였습니다.
이를 근거로 민법 제741조에 의한
부당이득반환청구를 주장합니다.
법률상 원인 없이 저를 통해 부당한 이득을
취했기에 제가 지불한 전유부분 미납요금은
무효가 되어야 합니다.

법 원

피고 관리소장은 들어라!
원고 이 대표에게 전유부분 요금을 반환하라

    독자분이 이해를 잘했다면 다행이지만 논리적으로 조금 이해하기 어려웠을 수도 있기 때문에 조금 더 구체적으로 설명을 하면 다음과 같다.

	미납관리비에 관한 판례
첫 번째 판례	특별승계인인 경매 낙찰자에게 미납관리비가 승계된다. 특별승계인 단어해설 매매 등 기타 사유로 취득한 자(상속이나 합병 등을 제외하고는 대부분 특별승계인이라고 이해하면 됨)

두 번째 판례	특별승계인에게 승계가 된다고 보지만, 전유부분이 아닌 공용부분에 대한 미납관리비만 인수된다. 전유부분/공용부분 단어해설 전유부분—소유자가 전용으로 쓸 수 있는 부분, 구조상 독립성을 갖춘 부분(예-아파트의 경우 호수 내에서 해당 점유자가 사용한 전기, 수도, 가스 등의 요금) 공용부분—전유부분에 속하지 않는 건물의 부속물 및 공용부분으로 된 부속의 건물(예-계단, 복도 등)
세 번째 판례	특별승계인이 인수하는 미납관리비에 대한 연체이자는 승계되지 않는다.

판례를 보면 아파트의 관리를 위하여 필요한 공용부분에 대한 관리비만 인수한다는 자세를 취하고 있으며, 동시에 연체이자의 경우는 경매 낙찰자에게 인수되지 않는다고 해석이 된다.

만약 아파트 관리사무소에서 공용부분뿐만 아니라 전유부분까지 모두 연체관리비를 납부해야만 입주가 가능하다고 주장한다면 앞서 본 만화처럼 금액을 모두 지불하라(보통 전기, 수도비를 묶어 관리사무소에 내고, 도시가스만 나라에 별도로 냄). 그리고 직접 입주를 하든 임대차 계약을 하든 계획대로 자산을 운영하다가, 그 뒤에 관리사무소를 상대로 민법 제741조에 의한 부당이득반환청구 소송을 제기하면 된다(소장에게 납부를 모두 하기 전에 '낙찰자는 공유부분만 내면 된다 알고 있다고 그 부분만 입금하면 입구의 문을 안 열어준다).

그리고 '대법원 판례를 근거로 보면 전유부분을 제외한 공용부분에 대해서만 연체이자 없이 특별승계인에게 미납관리비를 받도록 되어 있는데, 관리사무소에서 전유부분과 연체이자부분을 법률상 원인 없이 부당한 이득을 취하였으므로 이에 대하여 반환하라'는 내용을 주장하라.

<神의 한 수>

중요한 것은 관리사무소장에게 "전유부분과 연체이자는 제가 인수하는 게 아니라고 판례에도 나와 있는데 왜 저한테 내라고 하시는 거예요?"라고 이야기하며 다투다가 전액 납부 후 소송을 제기하면 패소한다는 점이다.

이때에는 '전유부분과 연체이자는 납부하지 않아도 되고 법률상 낼 이유가 없다는 사실을 알면서도 관리사무소에 납부한 것'이기 때문에 판사님이 낙찰자의 손을 들어주지 않는다.

잘 생각해보면 맞는 말이다. 다 알면서도 스스로 준 돈인데 이제 와서 마음이 바뀌었으니 돌려달라는 변덕은 인정해주지 않는 게 이치에 맞기 때문이다. 그러니 미납관리비를 납부할 때 아무것도 모르는 척 납부했다가 뒤늦게 알게 된 것으로 상황이 전개되어야 한다는 점을 명심하도록 하자(전용부분 미납관리비는 사용한 사람에게 채무가 생긴다).

지금까지 알아본 바와 같이 상황을 전개하여 소송을 한다면 전유부분과 연체이자에 대한 지불금액을 돌려받을 수 있으니 꼭 기억하자!

Part 5

가짜 선순위임차인으로
의심이 들 때 체크사항 및 공략

경매를 하다보면 대항력을 갖춘 임차인이 존재하는 물건과 자주 맞닥뜨리게 된다. 주택임대차보호법은 서민의 주거 안정에 기여하기 위해서 임대차계약 후 전입신고를 하면 대항력이라는 것을 임차인에게 주기 때문에 갑자기 소유자가 바뀌거나 기타 특별한 사항으로 임대차 보증금 회수에 대한 문제가 생겼을 시 그 보증금을 받을 때까지 해당 부동산을 점유하며 보증금에 대한 주장을 할 수 있는 권리를 보호하는 법이다.

이 전입신고 날짜가 경매 진행 시 등기부등본상 권리말소의 기준이 되는 권리(경매 후, 등기부등본에서 등기일자가 제일 빠른 권리가 말소기준권리가 됨)보다 앞선 날짜라면 경매 낙찰자에게도 대항력을 발휘할 수 있다. 이때 경매 낙찰자는 '선순위임차인이 있구나'라고 판단하게 되고, 낙찰 후 대항력이 있는 말소기준권리보다 앞서 전입한 선순위임차인이 있으면 보증금 인수에 대한 부담이 생기게 된다. 이러한 물건을 일반적으로 회피하게 되는데, 이때 최저입찰가가 한없이 낮아져 반값 이하에도 낙찰받는 경우도 있다.

진짜 임차인이 존재하는 경우라면 임차인의 보증금만큼 차감하고도 수익이 나는 금액으로 떨어질 때까지 아무도 입찰하지 않을 것이다. 하지만 임차인 중에는 가짜(허위, 위장) 임차인도 있을 수 있는데, 그럼에도 불구하고 경매정보지에는 그것까지 구분해서 알려주지 않는다. 진짜 임차인이든 가짜 임차인이든 전입신고가 말소기준권리보다 앞서 되어 있으면 '선순위임차인으로서 보증금을 인수해야 한다'

는 내용이 빨간 글씨로 표시되어 있다.

이때 빈틈을 볼 수 있는 전문가라면 보증금을 인수하지 않고도 낮게 낙찰받아 시세와의 차익만큼 수익을 올릴 수 있다. 이번 파트에서는 진짜 선순위임차인과 가짜 임차인임을 구별할 수 있는 방법과 가짜 임차인 공략법에 대해서 알아보자.

첫 번째 컷을 보자.

감정가 5억짜리 주택에 아무도 응찰하지 않아 최저입찰가가 1억까지 떨어졌다. 이유는 무엇일까?

두 번째 컷을 보자.

권리분석을 해보는 단계에서 권리관계를 보았더니 김말똥 씨가 소유자인데, 2010년 1월 1일에 전입신고를 했다. 그리고 같은 날 김말순 씨 또한 전입신고를 했다.

그 전제하에 만화에 나온 등기권리분석 결과를 보자. 근저당권을 은행이 설정한 것이고, 설정한 금액이 3억 5000만 원이라고 가정해보자. 날짜를 보면 2011년 1월 1일 설정되어 있는데, 근저당권은 은행에서 돈을 빌려주면서 해당 부동산을 담보로 잡기 위해서 설정한 것으로 보인다.

여기서부터 강한 의심을 품어야 한다. 싸게 낙찰받아 2배 수익을 낼 수 있는 비밀이 지금부터 꿈틀꿈틀 보이기 시작하니 말이다.

의심1

전입세대열람 결과를 보자.

김말똥 씨는 소유자이니까 우편물 등을 받기 위해 전입해 둔 것이라고 해석하면 된다지만, 김말순 씨는 소유자도 아니다. 하지만 등기권리분석 결과에 나와 있는 바와 같이 근저당권 설정일자보다 빠른 전입신고자는 주택임대차보호법상 대항력이 있는 임차인으로 객관적인 해석을 하게 된다. 그래서 경매정보지에 김말순 씨의 전입날짜가 명시되어 있고, 대항력이 있기 때문에 '보증금을 인수해야 할 수 있다'는 문구를 경고성 빨간 글씨로 명시하는 것이다.

대항력	임차인	전입일 (사업등록)	임차금 월세 포함	임차보증금 배당총액	인수	확정일자	배당
有	김말순	2010-01-01	0	0	인수	없음	안 함

여기서 위 표를 보고 많은 초보자분들은 회피를 하게 된다. 왜? 앞서 이야기했듯 '대항력 있는 임차인'이 있다는 표시는 '보증금을 떠안아야 한다'는 의미로 해석되기 때문이다.

하지만 위 표를 보고 의심되는 점이 없는가? 소유자 이름이 김말똥인데, 전입자 이름이 김말순이라고? 마치 이름이 부녀 사이 같아 보이지 않는가? 그리고 결정적으로 소유자 김말똥 씨와 김말순 씨의 전입일자가 같다.

보통은 소유자가 먼저 전입신고를 하고 임차인이 들어오면, 소유자는 전출을 하고 그 다음 임차인이 전입을 하고 산다. 그런데 전입일자가 같다면 동거한다는 해석밖에 안되는데 임차인과 소유자가 동거한다는 것이 상식적으로도 이상하지 않은가?

의심 2

등기권리분석 결과를 보자.

근저당권이 2011년 1월 1일에 설정되었다. 은행이 대출을 해줄 당시 선순위로 앞서 전입하여 대항력을 갖춘 임차인이 있는지 없는지 확인을 안 할까?

담보대출을 해줄 당시 선순위임차인이 있으면 그 보증금 금액만큼 경매 진행 시 은행보다 앞서 배당을 받아가게 되어 있다. 따라서 은행이 바보가 아닌 이상, 전입세대기록을 제출하게 한 뒤 소유자가 아닌 타인이 전입되어 있다면 보증금 금액을 확인하고 담보대출이 나올 수 있는 금액에서 그 보증금의 금액만큼을 제외하고 대출해주게 되어 있다. 그래야 경매 진행 시 은행의 채권회수가 온전히 될 테니 말이다.

그런데 저자가 앞서 어떻게 가정했는가? 근저당권을 설정하면서 대출해준 채권금액이 3억 5000만 원이라고 했다.

DTI와 LTV 규제 완화로 감정가 대비 70%까지 대출이 나왔다면 5억짜리 주택에서 최대 많이 나온 금액이다. 선순위 전입자인 김말순 씨가 있고 그 김말순 씨가 진짜 임차인이었다면 보증금이 있을 텐데, 그 보증금만큼을 대출가능금액에서 삭감하지 않고 왜 3억 5000만 원이라는 금액을 대출해줬을까? 여기서 대출금액 3억 5000만 원에 주목해야 한다. 김말순 씨는 임차인이 아니고, 소유자의 가족이거나 무상점유자일 가능성이 크다.

의심3

경매정보지에서 임차인 분석표를 다시 한 번 보자.

대항력	임차인	전입일 (사업등록)	임차금 월세 포함	임차보증금 배당총액	인수	확정일자	배당
有	김말순	2010-01-01	0	0	인수	없음	안 함

김말순 씨가 진짜 임차인이라면 분명히 법원으로부터 통지를 받고 자신의 보증금을 지키기 위해 법원에 '권리신고'를 했어야 한다. 하지만 아무런 권리신고를 하지 않아 임차금(월세)과 임차보증금의 금액이 0원으로 나왔다. 자신의 소중한 재산을 두고 이럴 수 있을까? 또한 전입신고만 되어 있지 '확정일자'도 되어 있지 않다.

확정일자는 임대차계약서를 가지고 동사무소에 가서 도장을 받는 것이다. 확정일자는 '우선변제권'이라는 권리를 갖기 위함이고, 이 확정일자가 있어야만 경매 진행 시 대항력과는 별개로 확정일자 날짜에 따라 순위배당을 받을 수 있다.

즉, 확정일자를 받지 않았음은 현 사안에서 가짜 임차인으로 의심될 수 있는 또 하나의 결정적 단서이다(물론 주택임대차보호법상 소액임차인최우선변제제도를 통해 소액의 보증금일 시 확정일자가 없고 대항력이 없더라도 최우선으로 배당을 받을 수 있는 권리가 있다는 것을 알고, 살고 있는 지역에 소액임차인최우선변제금액과 보증금액이 맞아떨어져 굳이 확정일자가 없어도 보증금 배당을 받을 수 있어 확정일자를 생략한 경우가 있을 수는 있지만 여기서 설명하고자 하는 바와 포커스가 다르니 이 경우는 예외로 두자).

　이러한 의심과 함께 초보자가 입찰할 수 없는 위협이 이 표 안에 또 숨어 있다. 권리신고를 통해 보증금액이 명시되어 있지 않으면 낙찰 후 임차인이 아니라는 객관적 근거가 없는 이상 '경매담보대출이 한 푼도 나오지 않고 순수 현금으로 모두 잔금을 납부'해야 한다. 서민이 내 집 마련을 전액 현금으로 하는 경우가 얼마나 될까? 이러니 최저입 찰가가 한없이 떨어지는 것이다.

　이러한 조건이 충족되는 경매물건을 찾았고, 선순위임차인이 있는 것처럼 보여 아무도 입찰하지 않아 최저입찰가가 한없이 떨어진 물건 을 발견하였다면 이제 어떻게 해야 할까? 손에 잡히는 근거 하나 없이 추측만으로 입찰에 참여한다면 계획이 어긋나버릴 수도 있지 않겠는 가? 만약 김말똥 씨와 김말순 씨가 허위 임대차계약서를 만들어 주장 을 한다면 여러분은 어떻게 대항할 것인가?

　지금부터 그 공략법을 알아보자.

Step 1. 임차인이 아닌 가족관계라는 근거 찾아내기

　이 근거를 어떻게 찾아야 할까? 바로 해당 경매사건의 법원 경매계 를 찾아가 해당 사건에 대한 경매기록을 열람하면 된다. 경매기록은 해당 사건에 대하여 접수된 모든 서류들을 모아둔 철이다.

　집행관이 현황조사 당시에 해당 점유자들을 만나서 제대로 조사하 지 못하였다면, 집행관은 바로 주민센터(동사무소)를 방문하여 주민등록등본을 열람하여 경매계에 넘기게 되고 그것은 고스란히 경매기록에 첨부되어 있지 않겠는가? 경매기록을 직접 열람한다면 그 주민등록등본을 통해 김말똥 씨와 김말순 씨의 관계를 확인할 수 있다. 우리의 추측대로 그 2명이 가족관계라면 말이다.

이 주민등록등본의 열람만으로 가족관계로서 동거자인 것이 객관적으로 증명되는 것이고 마음 편히 입찰 가능해질 것이다. 이러한 과정은 경매입찰 전에 모두 확인해야 할 사항인데, 안타깝게도 경매 낙찰자가 되기 전까지 해당 사건의 채무자와의 이해관계인이 아니기 때문에 공개가 되지 않는다. 그렇다면 이 장애물을 어떻게 뛰어넘어야 할까?

Step 2. 개인 가압류권자를 활용하여 경매기록 열람하기

경매기록은 이해관계인만 열람을 할 수 있는데, 이때에는 경매사건의 '가압류권자'를 활용하면 된다.

해당 채무자의 자산에 대하여 가압류를 해놓은 개인 채권자는 현재 소유자인 김말똥 씨와 관계가 좋을까 나쁠까? 당연히 좋지 않을 수밖에 없다. 그리고 가압류권자는 경매낙찰가가 많이 떨어지면 떨어질수록 불안해질 수밖에 없다. 왜? 그 낙찰대금에서 자신의 채권금액을 배당받아야 하기 때문이다. 불안하지 않다면 부처와 같은 수행자일 것이다.

등기부등본을 열람하고 해당 가압류권자의 주소를 확인하여 직접 찾아가보자. 이 과정이 귀찮다고? 부동산을 반값에 낙찰받아 2배 수익의 목표를 이루려면 거저먹을 수만은 없다. 나무가 높으면 높을수록 그늘도 커지는 법이다. 나무는 20m면 좋겠고 그늘은 절반 만큼이면 좋겠다는 생각 자체가 욕심이며, 욕심은 늘 투자에 있어서 해가 된다는 것을 기억하자. 그러니 고작 이 정도 발품을 어렵게 생각하지 말자.

가압류권자를 찾아가 이렇게 이야기하는 것이다.

"현재 가압류해 놓으신 부동산 경매물건에 입찰하고자 하는 사람입니다. 지금 김말순 씨라는 대항력이 있는 것처럼 보이는 전입자 때문에 많은 사람들이 임차인으로 해석하고 보증금 인수 부담 때문에 아무도 입찰을 하지 않아 5억짜리 물건이 1억까지 떨어졌어도 아직 낙찰되지 않고 있습니다. 이렇게 되면 가압류를 해놓으신 선생님의 채권금액도 배당을 통해 회수가 되지 않을 수 있습니다."

이렇게 이야기하면 상대방의 대답은 둘 중의 하나!

"내가 그 소유자 김말똥과 이해관계가 있는 사람이기 때문에 잘 알아요. 임차인 김말순 씨는 김말똥 씨 막내딸이에요! 임차인이 아닙니다."

이렇게 나오거나

"그럼 제가 어떻게 해야 하나요?"

이런 대답이 나올 것이다.

상대에게 둘 중 어떤 대답이 나오든 우리는 이렇게 이야기하면 된다.

"법원에 가서 경매기록을 열람하면 객관적으로 두 사람의 관계가

임대차관계가 아니라 가족관계를 증명할 수 있습니다. 예를 들면 대표적으로 주민등록등본이 되겠지요?

이것만 확인하면 저는 이번에 1억까지 최저입찰가가 떨어졌어도 2억에 입찰에 참여하여 선생님의 배당금을 높여드리려 합니다. 이해관계인만 볼 수 있는 경매기록을 열람하기 위해 가압류채권자인 선생님과 함께 동행했으면 합니다. 사례는 충분히 해드리겠습니다."

이렇게 이야기하면 100명 중 99명이 적극적으로 협조할 것이다.

이렇게 경매기록을 열람하면 객관적 증거서류를 찾아내고 복사까지 해올 수 있다. 그럼 마음 편히 낙찰받아 객관적 증거를 활용해 보증금 인수 위험 없이 정리할 수 있고, 임차인이 아니라는 객관적 근거가 있으니 경매 낙찰 후 담보대출도 정상적으로 나오게 된다. 이러한 과정을 통해 고수익을 만들어 낼 수 있다.

<神의 한 수>

물론 부모와 자식 사이라고 하더라도 임대차는 성립될 수 있다. 결국 가족관계인 것은 확인했지만, 객관적으로 임차인이 아니라는 증거는 아닌 것으로 받아들여 혹시 낙찰받은 물건을 담보로 금융권에서 담보대출을 회피하는 경우가 100에 하나 있을 수 있다. 이럴 경우에 대안을 소개한다.

여러분은 이제 낙찰자가 되었다. 이것은 동시에 채무자의 자산과 관련된 서류들을 열람할 수 있는 '이해관계인'이라는 뜻이다. 그럼 앞서 이야기했던 그 근저당권의 은행 여신관리팀 담당자를 찾아가는 것이다. 그 담당자를 찾아가 이해관계인으로서 김말순 씨에 대한 무상거주확인서 열람복사를 요청하자. '무상거주확인서'는 진짜 임차인이 아니라는 근거로 충분하다. 은행에서 3억 5000만 원이라는 금액을 담보대출해줄 당시 김말똥 씨와 김말순 씨 2명에게서 각 1장씩 '무상거주자'가 맞다는 확인서를 징구해두는 것이 절대적 업무원칙이기 때문이다.

　이것을 열람 및 복사해두고, 혹시나 경매 낙찰 후 금융권에서 낙찰받은 물건의 대출에 있어 소극적인 입장을 보인다면 즉시 '무상거주 확인서'를 내밀면 된다.

Part 6

건물만 경매로 대박수익 찬스

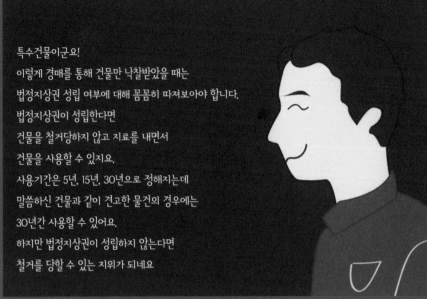

특수건물이군요!
이렇게 경매를 통해 건물만 낙찰받았을 때는
법정지상권 성립 여부에 대해 꼼꼼히 따져보아야 합니다.
법정지상권이 성립한다면
건물을 철거당하지 않고 지료를 내면서
건물을 사용할 수 있지요.
사용기간은 5년, 15년, 30년으로 정해지는데
말씀하신 건물과 같이 견고한 물건의 경우에는
30년간 사용할 수 있어요.
하지만 법정지상권이 성립하지 않는다면
철거를 당할 수 있는 지위가 되네요

그렇군요.
근데 법정지상권이 성립하여
3억짜리 건물을 1억에 낙찰받았다 해도
지료를 내면서까지
이 물건을 30년간 보유할 만한
메리트가 있나요?

나중에 팔지도 못하겠어요.
남의 땅 위에 있는 거라서요

음, 그건 아니에요.
예를 들어 저 3억짜리 건물에서
운영수익이 월 1000만 원인데,
1억에 낙찰받았으면
투자금액이 1/3으로 줄어들었으니
수익률은 3배가 되는 것이지요.

끄덕끄덕..

아, 그렇긴 하네요.
하지만 나중에 어떻게 팔아요?
30년 뒤에 철거당해야 하거나
바짝 벌어서 수익만 챙겨야 하나요?

79

토지 소유자가 저한테 너무 많은 지료를 요구하면 어떡하죠?
연 10%라든지...

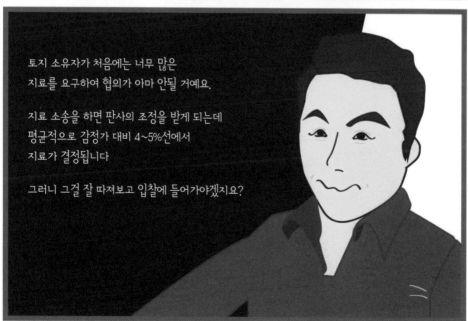

토지 소유자가 처음에는 너무 많은
지료를 요구하여 협의가 아마 안될 거예요.

지료 소송을 하면 판사의 조정을 받게 되는데
평균적으로 감정가 대비 4~5%선에서
지료가 결정됩니다

그러니 그걸 잘 따져보고 입찰에 들어가야겠지요?

역시 이 대표님!
늘 감사해요

단, 한 가지만 조심하세요.
법정지상권이 성립되지 않으면 휴지가 될 수 있습니다.
그러니 민법 제366조의 규정과
관습법상 법적지상권을 민법서를 통해 꼭 익히시고
성립 유무를 따져보셔야 합니다.
굉장히 보수적으로 따져보세요.
법적지상권이 성립되지 않으면 큰일 납니다.
그게 관건이에요

만화를 통해 토지와 건물 중 건물만 경매로 나왔을 때 어떻게 해야 수익을 낼 수 있는지 개념을 알아보았다. 지금부터 조금 더 구체적으로 알아보자.

고수라고 불리는 경매 투자자들도 대부분 법원경매에서 토지와 건물 중 하나만 경매로 나온 물건들이 있으면 대부분 '토지만 경매로 나온 물건'을 공략한다. 그러다보니 토지만 매각 대상으로 나온 경매물건보다 토지를 제외한 건물만 매각의 물건의 입찰가가 감정가 대비 눈에 보이게 떨어지곤 한다. 그럼 많은 분들이 이렇게 생각할 수 있다.

'헉! 고수들도 회피하는데 내가 공부해서 낙찰받는다는 것은 더욱

무리겠지?'

천만의 콩떡 만만의 콩떡이다. 생각을 조금만 뒤집으면 건물만 매각하는 물건도 굉장히 매력이 있다. 단, 반드시 '법정지상권'이 성립해야 한다. 법정지상권이라는 것은 법률로 정한 조건에 부합하면 땅을 사용할 수 있는 권리이다. 법정지상권이 만약 성립하지 못한다면 건물은 철거 대상이 된다. 그래서 건물만 매각에 나왔을 때는 조건을 꼼꼼히 따져봐야 한다.

첫 번째 조건, 법정지상권의 성립 유/무

그럼 법정지상권의 성립요건을 보도록 하자.

민법 제366조
1. 토지에 저당권을 설정할 당시 토지 위에 건물이 존재했을 것
2. 저당권 설정 당시 토지와 건물의 소유자가 동일할 것
3. 토지나 건물 어느 한쪽이 부동산 경매를 통하여 토지 소유자와 건물 소유자가 달라졌을 것

위 조건이 순서대로 부합해야 한다. 토지의 저당권을 설정할 당시에 건물이 없었다면 법정지상권은 성립할 수 없으며, 저당권 설정 당시 토지와 건물의 소유자는 동일인이 아니었다면 그 조차도 성립할 수 없다. 그럼 어떻게 확인을 해야 할까?

1. 토지에 저당권을 설정할 당시 토지 위에 건물이 존재했을 것

〈무허가 건물이 아닐 경우〉

토지 저당권 설정 당시부터 건물이 존재했다는 것을 확인하려면 물건 해당 관할 시청 혹은 군청의 건축과 공무원을 찾아가면 된다.

→ 해당 번지수 건물을 알려주면 건축 허가 후 사용승인 날짜를 확인할 수 있다.

근저당권의 날짜보다 사용승인일이 빠르다면 저당권 설정 당시부터 건물이 있었다는 객관적 증거가 될 것이다.

〈무허가 건물일 경우〉

은행의 저당권 설정 당시 같은 날 지상권도 함께 설정하여 등기부에 나타나 있는지 확인한다. 은행의 저당권 설정 당시 같은 날 지상권도 함께 등기부에 나타나 있다면, 토지를 담보로 은행이 대출해줄 당시 건물이 없는 상태를 조건으로 토지 가치를 산정하여 대출해준 것이다. 대출 후 건축 행위를 하여 미래에 채무불이행을 이유로 경매를 진행시킬 시 토지 경매 낙찰가가 낮아져 채권회수금액에서 불리해질 것을 사전에 방지하기 위해 지상권을 설정한 것이기 때문에 저당권 설정 당시 건물이 없었다는 추정이 될 수 있다.

→ 은행의 저당권 설정 당시 같은 날 지상권도 등기부에 함께 설정되어 있다면, 저당권 설정 당시 건물이 없었다고 추정할 수 있다.

은행이 지상권을 설정하는 이유는 이 권리를 이용해 토지 가치를 지키기 위해서다. 토지 소유자는 지상권자의 동의 없이 마음대로 건축행위를 할 수 없기 때문이다.

2. 저당권 설정 당시 토지와 건물의 소유자가 동일할 것

토지와 건물이 동일인의 소유인지는 입찰 전 '토지등기부와 건물등기부'를 확인하면 된다. 만약 무허가 건물이라면 직접 현장조사와 분석을 통해 치밀한 분석을 해보아야 한다.

3. 부동산 경매를 통하여 토지 소유자와 건물 소유자 어느 한쪽이 달라졌을 것

저당권이 설정되어 있고 토지와 건물 중 어느 한쪽만 경매로 나온 상태에서 토지 소유자와 건물 소유자가 달라져서 분쟁거리가 된 것이니, 당연히 낙찰받으면 조건에 부합한다.

이 조건들에 부합한다면 이제 두 번째 관문이 있다.

두 번째 조건, 건물이 수익형 부동산으로서의 가치가 있는지의 여부

숙박시설이라고 가정을 해보자. 감정가 약 20억짜리의 건물이고 룸 40개가 있다. 숙박시설로서 수익성은 훌륭하지만 건물만 매각할 수 있다는 조건 때문에 시세의 1/4 가격인 약 5억까지 떨어져 5억에 낙찰을 받았다면 어떻게 고수익을 낼 수 있을까?

숙박시설은 수도권에서 조금 벗어나더라도 약 40개의 룸으로 운영

및 관리를 한다면 월 매출이 1억은 거뜬하며 마진율이 50%나 된다. 그리고 현금매출이 50%다. 이렇게 1년을 운영한다면 연매출은 12억이 되며 순수익은 6억 정도를 기록하게 될 것이다. 자, 1년 만에 투자금 5억을 뛰어넘어 6억의 수익을 기록하였다. 대단한 수익이라는 생각이 드는 동시에 궁금증이 생겨야 정상이다.

"땅에 대한 지료도 안 내고 무상으로 지상권의 권리행사를 할 수 있나요?"

물론 아니다. 법정지상권이 성립하더라도 토지 소유자에게 토지를 사용하는데 있어서 그 가치에 상응하는 지료는 연 단위로 지불해야 한다.

"그 금액이 배보다 배꼽이 더 큰 꼴이 되면 어떡해요?"

그 점은 걱정하지 않아도 된다. 건물을 낙찰받아 법정지상권이 성립된다면 토지 소유자는 지료청구소송을 할 것이고, 지료청구소송이 진행되면 법원은 토지를 감정평가기관에 의뢰하여 감정을 한 뒤 그 감정평가금액의 약 4~5%(대지 기준)로 조정이 된다.

만약 낙찰받은 숙박시설의 토지가 10억 원에 감정이 되었고, 약 5%로 연 지료가 조정되었다고 가정하고 계산을 하더라도 연 지료는 5000만 원밖에 되질 않는다. '5000만 원이나 되는데 왜 그렇게 작은 금액처럼 이야기하나?'라는 생각이 들 수도 있다. 하지만 내가 건물을 통해 버는 돈이 연 6억 원이다. 상대적으로 지료는 문제가 되지 않는다는 판단이 옳다.

지상권의 경우는 영구적으로 땅을 사용할 수 있는 권리를 주는 것이 아니다. 5년, 15년, 30년으로 정해지는데 건물의 경우 99%가 30년간 지상권이 설정된다고 보면 된다. 그러면 30년 뒤가 궁금해지지 않는가?

<神의 한 수>

30년간 연 수익 6억을 지속적으로 올렸다 가정해보자. 30년 뒤 지상권 소멸과 동시에 건물 소유자에게는 한 가지 권리가 생긴다. 바로 토지 소유자에 대한 '지상물매수청구권'이라는 권리이다. 건물 소유자가 지상물매수청구권을 토지 소유자에게 행사하는 순간, 토지 소유자는 의무적으로 반드시 지상의 건물을 매수해야 한다.

자, 그럼 얼마에 건물 매도를 할 것인지 궁금해질 것이다. 30년 전 낙찰받은 5억에? 만약 그렇다고 하면 인플레이션만 적용해도 본전은 커녕 수익이라고 볼 수 없는 꼴이 되어버린다.

바로 30년 전 낙찰 당시의 낙찰가가 아닌 '당시 시세'로 토지 소유자는 매수를 해야 한다. 만약 30년 전 감정가인 20억 원이 시세였다면 5억에 낙찰받은 건물을 20억에 매도할 수 있게 된다. 결과적으로 5억에 낙찰받은 건물에서 연 6억씩 수익을 누리다가, 30년 뒤 20억에 양도하면 그야말로 '꿩 먹고 알 먹는 재테크'가 되는 것이다.

그럼에도 불구하고 대부분의 전문가들이 건물만 매각보다는 토지만 매각하는 물건을 많이 선호한다. 물론 이 책을 쓰고 있는 필자도 매월 법정지상권 관련 물건을 낙찰받는다. 대부분 토지만 매각하는 물건이다. 토지만 매각인 경매물건은 법정지상권이 성립하지 않더라도 지료수익을 낼 수 있고, 지료를 연체하면 법정지상권을 소멸시킬 수 있어 심리적으로 우위를 확보할 수 있기 때문이다.

동시에 건물만 매각하는 물건에도 참여한다. 다만, 확실히 법정지상권이 성립하는 동시에 수익형부동산으로서 가치가 있는 건물에 투자하고 있다. 그러니 이 책을 읽는 독자분들도 법정지상권의 문제를 둔 특수권리 물건들을 공략할 시 토지만 보지 말고 건물만 매각하는 물건도 꼭 함께 모니터링하길 바란다. 황금처럼 빛나는 건물이 독자분들 앞에 떡 하니 기다리고 있을 수도 있으니 말이다.

Part 7

빌라 초단타경매 환금전략
- LH 공략

경매도 어느 정도 익혀서
싸게 낙찰받을 수 있는 기술은 있는데, 빌라 투자는 조금 망설여지네.
싸게 받으면 뭐해. 제때 팔기 어려운 경우가 허다한데...

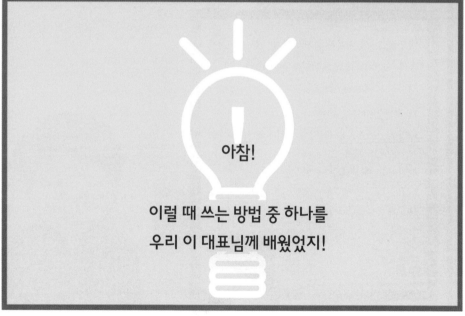

아참!

이럴 때 쓰는 방법 중 하나를
우리 이 대표님께 배웠었지!

서울특별시에서 목동을 제외한 양천구 ○○동쪽
소년·소녀가장의 주거안정을 돕기 위해
예산이 소진될 때까지
다세대(빌라) 매입 예정
매입 후, 소년·소녀가장에게 임대 예정

매입기간: 예산 소진 시까지

-LH공사

음하하하~ 성공이다!
1억에 낙찰받아서 1억 5000만 원에 금방 팔았네.

계획대로 안되면 월세 주고
임대수익으로 대출이자를 감당하면서 천천히 팔아볼까 했는데
아주 좋네요. 이 대표님, 감사합니다!

여러분,
LH공사에서는 매년 예산에 따라서 열악한 환경에 있는
국민을 위하여 다세대(빌라) 등의 주택을 매수하여
주거환경을 보장해주고 있습니다.

LH공사 홈페이지에 들어가셔서 자료를 찾아보시고
매입하고자 하는 포인트와 매입 조건이
무엇인지를 파악하여 그 조건에 맞는 주택을 낙찰받는다면
환금성에 있어서 보다 더 유리해지겠지요?

이렇게 LH(한국토지주택)공사를 활용하면 다세대(빌라) 투자 환금성을 높일 수 있다. 때문에 빌라 투자에 관심이 많다면 이와 같은 내용을 토대로 투자해 보는 것을 권장한다. 하지만 어디까지나 조건을 맞추어 예측의 관점에서 투자를 하는 것이기 때문에 내게 그 기회가 오지 않을 수도 있다는 것이 최대 리스크다.

빌라에 투자를 하기 위해서는 기본적인 공부가 되어 있어야 한다.

1. 대지권에 대한 개념

> **대지권(垈地權)**
> 건물의 구분소유자(區分所有者)가 전유부분(專有部分)을 소유하기 위하여 건물의 대지에 대하여 가지는 권리 —출처(두산백과)

대지권이라는 것은 일정한 면적 위에 여러 층의 건물이 올라서 해당 건물 내에 호수들이 각각 독립된 소유권을 갖추었을 때 각각의 독립된 건물 소유권자가 자신의 토지에 대한 소유권을 지분비율로 나눠 갖는 것을 말한다(이 대지권은 굉장히 중요하다. 특히 재개발 혹은 재건축 시 토지 소유권 여부가 투자 결과에 상당한 영향력이 있기 때문이다).

'대지권'은 지분비율로 소유권을 갖는 것이고, '대지사용권'은 지상권, 전세권, 임차권 등 토지에 대한 사용권리를 갖는 것이다. 대지사용권만 있는 경우는 드물지만 만약 물건으로 나왔다면 투자 가치로서는 꽝이다. 대지권을 온전히 소유하였을 때 가치가 있다. 하지만 보통 대지권과 대지사용권을 같은 개념으로 보면 이해하기 쉽다.

대지권＝대지사용권

표제부란에 표시되어 있으므로 경매 투자를 할 시 대지권을 꼭 확인하길 바란다.

(대지권의 표시)			
표시번호	대지권종류	대지권비율	등기원인 및 기타사항
1	1 소유권대지권	31202.5분의 75.2791	2005년11월14일 대지권 2005년11월17일

2. 재개발 및 재건축에 대한 개념

빌라뿐만 아니라 타 용도의 부동산에 있어서도 중요한 개념이지만 특히 빌라는 재개발 및 재건축 투자에 있어서 더 큰 투자수익을 일궈낼 수 있다. 빌라 투자 후 재개발 혹은 재건축이 들어갈 시 해당 토지에 대한 소유권을 가지고 있으면 가치 상승된 토지를 양도하여 수익을 낼 수도 있고, 새로 지을 건물에 대한 조합원으로서 일반분양가보다 20~30% 낮은 금액으로 분양받을 수 있는 혜택을 받을 수도 있다. 당연한 것이다. 건물은 시간이 지나 노후하게 되면 오래되면 가치가 없어지는 것이고, 철거를 하면 휴지(休地)가 되는 것이다.

하지만 내 땅은 여전히 존재한다. 내 땅 위에 건물을 지어야 하기 때문에 당연히 이런 이해관계가 성립되는 것이다. 자, 이제 재개발과 재건축에 대한 개념을 한번 알아보도록 하자.

	기반시설	노후불량 건축물	시행
주거환경개선사업	극히 열악	과도 밀집	공공/ 조합
주택재개발사업	열악	밀집	조합
주택재건축사업	양호	밀집	조합
도시환경정비사업	상업지역/ 공업지역		조합/ 토지 등 소유자

〈재개발사업이란?〉

　건물을 둘러싼 주변의 기반시설들까지 열악하면서 건물까지 과도하게 밀집되고 노후 불량한 상태일 때 진행되는 사업이다. 결국 마을 자체가 완전히 달라지게 된다. 기반시설들과 건물까지 새로 만들어지는 만큼 토지에 대한 가치 상승이 상당해질 수 있다.

〈재건축사업이란?〉

　기반시설들은 양호하지만 건물이 노후 불량할 때 하는 사업이다. 즉 건물만 다시 짓는 사업이다. 이때에도 기존의 건물을 철거하고 내 땅 위에 다시 새로운 건물을 건축하는 것이기 때문에 대지권이 있다면 당연히 이해관계가 있다. 결국 조합원이 되어 나의 토지소유권을 돈 받고 청산할 수도 있고, 조합원 분양으로 새로 지어지는 건물을 20~30% 낮은 금액으로 매수할 수도 있다. 이때 알아야 할 것이 비례율과 추가분담금이다.

3. 비례율과 추가분담금에 대한 개념

〈비례율을 반드시 알아야 하는 이유〉

재개발·재건축사업을 진행하는 정비구역 내의 부동산에 대한 관심을 갖는 경우라면 비례율에 대한 이해는 필수다. 비례율을 알아야 내 토지에 대한 권리가액을 알 수 있고 권리가액을 알아야 추후에 아파트 조합원으로서 분양받을 경우 추가분담금을 산정할 수 있기 때문이다. 또한 조합원 분양 시 추가분담금의 금액을 알아야 부동산 낙찰 시 투자수익률을 산정해 볼 수 있다.

비례율 이해 → 권리가액 예상 → 추가분담금 산정 → 부동산 낙찰 시 투자수익률 예상

〈비례율에 대한 이해〉

비례율이란 정비사업에 참여하기 전에 소유했던 종전의 부동산이 정비사업 진행 후 가치가 증감되는 비율로, 부동산의 미래가치를 산정하기 위한 수단이 된다.

비례율 = [(종후자산−사업비) ÷ 종전 자산] × 100

예를 들어 재개발구역 내 1억 가치의 빌라를 7000만 원에 낙찰받았다고 가정해보자. 이때 해당 재개발사업의 비례율이 120%라고 가정한다면 새로 지을 건물의 권리가액은 1억 2000만 원이 되는 것이다. 이렇게 권리가액을 산정하는 이유는 내가 토지에 대한 소유권을

가진 소유자로서 조합원 분양 시 추가분담금을 계산하기 위함이다.

예를 들어 재개발사업 후 24평 아파트의 일반 분양가가 3억이고, 조합원 분양가가 2억 1000만 원이라고 가정할 시 추가분담금은 약 9000만 원으로 짐작할 수 있게 된다. 이렇게 계산해보면 총 투자금액 1억 6000만 원(7000만 원+9000만 원)으로 2억 1000만 원의 아파트를 소유하게 됨으로서 장래 처분수익을 예상할 수 있다.

이외에도 빌라 투자를 하기 위해서 알아야 할 것들은 다양하게 있다. 앞서 본 만화와 같이 LH를 공략하여 경매투자 환금성을 확보하기 위해서는 빌라에 대해 공부를 충분히 하고 이해를 높인 뒤 투자하길 바란다.

Part 8

선순위가등기로 둔갑한
저당권 공략하여 저가 낙찰받기

선순위가등기는 말소되지 않고
낙찰자에게 인수되는 거 아닌가요?
그리고 그 가등기권자가 권리행사하면
소유권을 빼앗기기 때문에
휴지가 되는 거라고
알고 있거든요. 그런데 왜...

음...

가등기에는 2가지 종류가 있어요.
1. 순위보전가등기
2. 담보가등기
물론 등기부에는 이 2가지가 구분되어 있지 않아요

만약 '순위보전가등기'가 선순위라면
가등기권자가 보통 매매예약을 원인으로
미리 소유권이전예약등기를 해둔 것이고,
약속한 때가 되어 가등기에 기하여
본등기를 하면 그 본등기의 순위는
가등기와 같은 순위로 취급되기 때문에
이 경우는
낙찰받으면 나중에 휴지가 될 수 있어요

그런데 만약 '담보가등기'가 선순위라면
이야기가 달라져요.
담보가등기는 은행에서 대출을 받을 때
부동산을 담보로 근저당권을 설정해 놓은 것과 같아요.
돈을 빌려주었는데 안 갚으면
그 부동산을 돈 대신 내놓으라고
가등기를 해둔 것이지요

그래서 부동산이 경매로 넘어가게 되면 법원에서는 가등기권자에게 최고장을 보냅니다.

한마디로 물어보는 거죠.

너가 담보가등기권자라서 돈 받을 것이 있다면

채권계산서(받을 돈)를 계산해서 법원에 제출하고 배당요구하라고요.

그래서 채권계산서를 제출하면 법원은 가등기권자에게 낙찰대금으로 배당을 해주고

가등기는 그냥 말소(소멸)가 되어버립니다.

헐!
그럼 그게 담보가등기인지
어떻게 알 수 있어요?

경매정보사이트에서 그 사건을 검색하고

[물건접수/송달내역]이라는 메뉴를 클릭하면 알 수 있어요.

[송달내역]에는 법원에 가등기권자에게 최고장을 보낸 날짜와 기록이 있고,

가등기권자가 채권계산서를 제출했다면

[접수내역]에 그 날짜와 기록이 그대로 나옵니다.

그럼 그 가등기는 배당받고 말소가 되는 것이고요

으앙~ 그랬구나.
저도 그 아파트 입찰하고 있었단 말이에요

영순 씨처럼 물어보셨으면 좋았을 텐데요.
영순 씨가 그 아파트와 인연이 있었나봐요

109

만화로 가등기를 단순히 '담보가등기'와 '순위보전가등기'로 개념을 나누어 투자가치가 있고 없고의 차이를 알아보았다. 많은 초보자분들이 선순위가등기가 존재하면 낙찰 후에도 가등기가 말소되지 않고 있다가 가등기권자가 언젠가 가등기에 의한 본등기(소유권이전등기)를 하여 소유권을 박탈당할 수도 있다는 두려움 때문에 입찰을 꺼린다.

가등기 ┌ 순위보전가등기
       └ 담보가등기

하지만 경매정보사이트에서 [문건접수/송달내역] 메뉴→[송달내역]에 법원에 가등기권자에게 최고장을 보낸 날짜와 기록이 있고, [접수내역]에 가등기권자가 법원에 '채권계산서'를 제출한 날짜와 기록이 나와 있다면, 가등기권자는 자신의 채권을 배당받고 말소가 될 테니 걱정 없이 입찰하길 바란다.

하지만 [송달내역]을 보아도 그렇고, [접수내역]을 보아도 가등기권자가 채권계산서를 제출한 기록이 없다면, 가등기권자가 '순위보전가등기'로서 낙찰 후, 나의 소유권을 강제로 강탈해갈 수도 있게 될 가능성이 높다.

그럼 포기해야 할까? 결론은 아니다. 난이도가 높아지면 높아질수록 입찰자의 수는 적어지기 때문에 값싸게 낙찰받을 수 있다. 그러니 더 자세히 들여다보아야 한다. 무엇을? 순위보전가등기처럼 보이더라도 인수되지 않을 수 있는 조건들은 얼마든지 있다. 이러한 것들을 찾아낸다면 더 훌륭한 수익모델이 될 것이다.

지금부터 경매 신의 한 수가 나간다. 경매 시 가등기에 관한 고급정보이니 집중하길 바란다.

<神의 한 수>

선순위가등기로 둔갑한 저당권에 입찰하기

step 1. 가등기권자가 본등기를 해달라는 이행청구 요구가 있었는지 확인!

채권의 소멸시효라는 것은 일정기간 권리가 있음에도 권리행사를 하지 않으면 그 권리가 소멸하게 된다는 뜻이다. 법은 권리 위에 잠자는 자를 보호하지 않는다. 채권은 채권의 종류에 따라 소멸시효가 3년, 5년, 10년으로 나누어진다.

가등기는 소멸시효가 10년이기 때문에, 해당 부동산에 가등기를 설정한 날로부터 10년이 넘도록 본등기를 통한 권리행사를 하지 않았다면 그 가등기가 아무리 '선순위가등기로 등기부등본에 기입'되어 있더라도 무용지물의 껍데기 가등기가 된다. 여기까지가 중수 이상의 경매투자자들이 알고 있는 내용이다.

하지만 이것만으로는 부족하다. 반드시 체크해야 할 것이 있다. 이것을 확인하지 않는다면 10년이 지난 가등기라 하더라도 좀비처럼 다시 살아나 가등기로 소유권을 빼앗아갈 수 있다. 다음 표를 보면서 리스크를 함께 체크해보자.

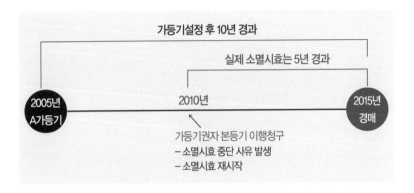

단순히 가등기가 10년 지났다고 가등기라는 권리가 소멸하는 것이 아니라, 실제로 10년간 가등기권자가 해당 부동산의 소유자에게 본등기의 이행을 요구하는 청구가 없었어야 한다. 쉽게 말하면 10년 간 한 번이라도 '본등기 해줘'라고 요구했다면 이전 소멸시효는 그때로부터 시효가 중단되고, 다시 소멸시효가 0일부터 시작되는 것이다.

표를 다시 보자. 만약 2005년에 A라는 사람이 가등기를 설정해두었고 2015년에 경매에 나왔다. A라는 가등기권자는 선순위가등기이기 때문에 경매물건의 매각물건명세서 하단에 '인수될 수 있는 권리'라고 표시가 되어 있다. 하지만 10년이 지나도록 본등기 전환을 하지 않았다는 이유로 입찰을 했다면 큰코다치고 말 것이다.

왜냐고? 표를 보면 2010년에 A가등기권자는 본등기를 해달라는 이행청구를 했었기 때문이다. 2010년까지 쌓여온 5년간의 소멸시효는 중단되고 다시 0일부터 시작하여 2015년 경매가 이루어진 시점에는 소멸시효가 2015년 5년밖에 지나지 않은 물건이 된다. 따라서 이 가등기는 시퍼렇게 살아 있는 흉기가 되어 낙찰자의 목을 조여 올 수 있다.

갑자기 힘이 빠지지 않는가? 하지만 필자는 독자에게 힘을 빼려고 이렇게 글을 적고 있는 것이 아니다. 소멸시효의 중단사유가 법률적으로 명확히 있었는지 체크해보면 답이 나온다.

가등기권자가 소멸시효를 중단시키는 '본등기 이행청구'는 어떻게 해야 할까? 그냥 소유자를 찾아가서 구두상으로 "야! 본등기 이행해줘~" 하면 중단되는 것인가? 만약 그렇게 중단이 된다고 하면 낙찰 후 낙찰자의 가등기권리가 부존재한다는 소송에서 거짓말을 할 경우 당할 길이 없다.

다행히도 기준이 있다는 말이다. 가등기권자가 본등기를 해달라는 이행청구를 '압류/가압류/가처분' 등의 형식으로 상대방 부동산에 설정해놓아야 그 설정일로부터 소멸시효는 중단되고 다시 시작된다. 그러니 등기부등본을 먼저 살펴보고 가등기권자의 액션이 있었는지 여부를 체크하면 된다.

step 2. 이행청구를 한 날로부터 6개월 내 소송 기록이 있는지 확인

구두상 "야, 본등기 해줘~"라고 했으면 이행청구를 한 날로부터 6개월 내 소송을 해야 한다.

만약 소송을 했던 기록이 있었는지를 확인해보고 10년의 소멸시효 기간 동안 소송의 흔적이 없다면, 이것은 정말로 소멸시효 10년이 지난 껍데기 가등기가 되는 것이다.

선순위가등기는 경매정보지상 어떻게 표시되는지 보자.

소재지	서울 동대문구 청량리동		
경매구분	임의경매	채권자	중소기업은행
용도	대지	채무/소유자	송O기
감정가	426,000,000(13.04.23)		
최저가	174,490,000(41%)	기반시설	142m²(42.96평)
입찰보증금	10%(17,449,000)		
주의사항	선순위가등기		

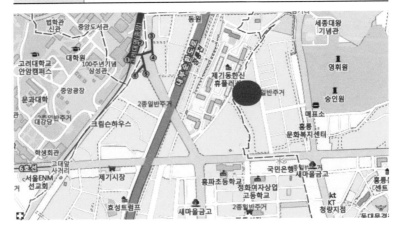

1. 가등기	신XX 2001.12.17 <div align="right">소유이전청구가등기</div>
2. 근저당	○○은행 엘지타워 2005.01.04 260,000,000 <div align="right">말소기준권리</div>
3. 지상권	○○은행 엘지타워 2005.01.04 30년
4. 근저당	□□은행 강남역 2011.07.19 300,000,000
임의경매	○○은행 2013.04.18 여신관리부

이 물건은 2013년도에 나온 토지경매물건이다. 그런데 등기부등본을 보니 2001년 12월 17일에 설정된 가등기가 있다. 하지만 경매시점은 2013년이다. 벌써 13년이 지난 가등기라는 것이다. 10년의 소멸시효를 훌쩍 지나 '껍데기 가등기'인지 조사를 해보았다.

☑ 등기부등본상 가등기권자가 소멸시효의 중단사유인 압류/가압류/가처분 등의 설정을 해놓은 것이 없다.

☑ 이행의 청구와 함께 6개월 내 소송을 한 기록도 없다.

이를 어떻게 알 수 있을까? 저자는 가등기권자가 소재하는 주소로(등기부등본을 통해 확인) 직접 찾아가 확인하였다. 유도질문을 한 것이다.

"안녕하세요. ○○경매물건에 입찰을 준비하고 있는 사람인데요, 선생님께서 가등기를 오래전에 설정해놓으셨는데 왜 지금까지 본등기도 안 하시고 소송 한 번 하신 적 없는지요?"

대답은 이러했다.

"내가 옛날에 돈을 빌려주면서 가등기 쳐놓았는데 돈을 다 갚아서 말소만 하면 되요."

이 말은 무슨 말인가? 본등기를 안 한 이유가 있었다. 돈을 빌려주고 갚지 않으면 본등기로 전환하여 돈 대신 가져오려고 했지만, 돈을 받았으니 가등기는 의미가 없어져 신경을 안 쓰고 있었던 것이다.

이러한 경우는 소멸시효가 다 되지 않았어도 '채권이 없는 껍데기 가등기'이다. 여러분들도 꼭 이러한 물건을 찾아내 완벽하게 조사한 뒤 남들이 뛰어들지 못하는 물건을 낙찰받아 안전하게 자본수익을 만들어내 보길 바란다.

이외에도 '껍데기 가등기'인 경우가 많이 있으니, 나머지는 여러분들의 숙제로 맡기도록 한다. 한 가지만 더 짚고 넘어가자면 등기부등본상의 현 소유자가 '김말뚱'이고 선순위가등기도 '김말뚱'인 경우가 있다. 이것은 가등기권자 김말뚱이 가등기에 의한 본등기를 하여 소유권자가 된 이후, 가등기를 말소하지 않은 경우로 당연히 '껍데기 가등기'이니 마음 편히 입찰해도 될 것이다. 총알이 하나밖에 들어 있지 않은 총을 한번 쓰면 더 이상 총으로서의 능력을 상실한 것과 같은 논리로 받아들이면 이해가 빠를 것이다.

Part 9

NPL(부실채권)의 개념과 구조
그리고 함정

근저당권 3억짜리 채권을 저한테 2억 5000만 원에 사서 기다리시다가
아파트가 낙찰되면 1순위로 3억 원 배당받아 가시면 되요.
그럼 앉아서 5000만 원 버시는 거예요.
정말 싸게 드리는 겁니다

대박! 그럼 제가 살게요

네

1시간 후
이대표 사무실

대표님, 저 요즘 대세인 NPL도 해요.
채권을 5000만 원이나 싸게 샀어요
자세히 말씀드리면...

1순위 근저당권이라도 낙찰가가 3억 이상 나와야
3억을 1순위로 배당받지요. 2억에 낙찰되면 2억을 가지고 배당을 하는데
어떻게 3억을 받아요?

잠시만요.
과거 낙찰가 데이터 통계와 추이를
한 번 봐야겠네요

3일 전 같은 아파트 동종 평수가 2억 4000만 원에 낙찰되었네요

흠...

안 돼~ 뭐야, 이거!

이번 만화는 NPL(부실채권)에 대한 내용이다. NPL 투자는 부동산 경매와 밀접한 관계가 있어 경매를 하고자 하는 사람이라면 반드시 개념을 알고 있어야 한다. 그래야 이 만화에서와 같이 초보투자자가 다치지 않을 수 있고, 입찰 시 물건의 NPL 입찰을 인식하고 방어할 수 있다.

NPL은 현재 초대중화되어 이미 '붐'이 시작된지 오래다. NPL이란 도대체 무엇일까? 개념부터 잡아보도록 하자. NPL이라는 것은 '부실채권'을 말한다. 부실한 채권? 왜 부실한 채권일까? 일단 채권에 대해 알아보자.

채권이란, 특정 상대방에게 어떠한 행위를 청구할 수 있는 권리를 말한다. 하지만 채권이 있으면 채무도 있다. 채무란, 특정 상대방에게 이행해야 하는 의무를 말한다. 채권자는 채권을 가지고 있는 사람, 채무자는 채무를 가지고 있는 사람을 의미하는 바, 금전채권자는 말 그대로 특정 상대방과 이해관계에서 돈이 걸려 있는 사람을 이야기하는 것이다.

부실채권
특정 상대방으로부터 청구하여 받아야 하는데 제때 받지 못하고 있는 채권

예를 들어 ○○은행에서는 A가 예금한 돈을 B에게 대출해준다. 예금이자보다 높은 이자를 받아 예대마진을 만드는 구조이다. 하지만 대출을 받아간 모든 사람들이 원금이나 이자를 꼬박꼬박 잘 갚을 수 있는 것이 아니다. 채무변제기간이 지난 후에도 갚지 못하는 경우가 많아지다 보면 미수금 채무로 인해 은행은 부실 경영을 할 수밖에 없어진다. 이 상태가 계속되면 예금을 한 예금자들이 위험에 처할 수 있기 때문에 국가로부터 규제가 들어온다. 결국 은행은 이를 피하기 위해 부실채권을 양도해버리는 것이다. 그럼 부실채권을 양수한 사람은 어떻게 수익을 보는 것인가?

은행은 대출을 해줄 당시 그 금액에 대한 금전소비대차 계약서를 적으면서 해당 채무자 자산에 근저당권을 설정(담보 설정)한다. 근저당

권을 설정하면, 채무변제가 되지 않을 시 채권자는 근저당권(물권)자에게 부여되어 있는 권리인 '경매신청권과 우선변제권(경매매각 부동산에 대한 배당에서 우선하여 배당받을 수 있는 권리)'을 갖게 된다.

채권과 함께 3억 원을 배당받을 수 있는 근저당권을 2억 5000만원에 양수해왔는데, 해당 부동산이 3억 이상에 낙찰되면 1순위 근저당권이라 3억 원 전액을 배당받을 수 있는 구조이다. 이때 3억짜리 NPL을 2억 5000만 원에 샀지만, 실제 가치는 3억 원이므로 경매가 진행된 후 100% 배당을 받게 된다면 약 5000만 원의 수익을 올리게 된다. 이것이 바로 NPL 구입 후 배당수익을 올리는 방법이다.

이러한 방법도 있다. 3억 원을 1순위로 배당받을 수 있는 채권과 근저당권을(피담보채권) 2억 5000만 원에 구입한 후 직접 경매에 입찰하여 더욱 유리한 위치로 낙찰받는 것이다.

왜 유리할까? 3억 5000만 원짜리 아파트에 3억 원을 배당받을 수 있는 근저당권을 가지고 있다고 가정하자. 그리고 그 채권과 근저당권을 2억 5000만 원에 양수해온 것이다. 여기까지는 앞의 예와 같다. 그런데 만약 NPL을 2억 5000만 원에 구입한 양수인이 경매에 참여하여 3억 원을 적고 입찰에 낙찰받게 된다면 어떻게 될까?

최대로 배당받을 수 있는 3억 원 전액을 상계 처리하기 때문에 3억에 낙찰받게 되면 잔금납부를 할 필요 없이 그냥 소유권만 이전받아오면 된다. 이때 투자금액은 얼마인가? 2억 5000만 원에 부실채권을 구입해와 잔금납부를 안 하게 되었으니 취·등록세를 제외하고 단순

계산 시 2억 5000만 원 투자로 3억 5000만 원의 자산을 매입하게 된 것이다. 만약 2억 5000만 원에 NPL을 구입하지 않은 일반 경매투자자가 입찰하여 3억 원에 낙찰받아 3억 원 전액을 납부하게 되는 것과 달리 틈새전략이 될 수 있는 것이다.

그런데 왜 NPL 시장이 지금 위험한가? 먼저 NPL 시장의 구조를 한번 보도록 하자. 은행은 부실채권의 규제를 벗어나기 위해 회사채를 발행하거나 채권 매각을 시작한다.

1차 매각	**각 자산관리공사 혹은 파인트리 등** 본 채권금액의 50~60% 금액에 양도
2차 매각	**자산관리공사 → 유동화에 매각** 본 채권금액의 60~70% 금액에 양도
3차 매각	**유동화 → AMC에 매각** 본 채권금액의 70~80% 금액에 양도
4차 매각	**AMC → 개인에게 매각** 본 채권금액의 80~90% 금액에 양도

AMC가 개인에게 경매를 매각할 때는 본 채권금액의 80~90%에 매각을 한다. 그런데 문제는 매각금액이 법으로 정해진 것이 아니라는 점이다. 수요가 많아지면 그만큼 가격은 오르게 되어 있고, 수요가 더 폭발하면 공급자는 갑질을 하게 될 수도 있다.

최근 어떤 AMC에서는 부실채권 매각 시 매도가격을 공개하지 않고 부실채권 매매계약서를 작성해야만 매매금액을 알려주는 곳도 있다.

'엥? 이게 뭐지?'

이건 깡패와 다를 바 없다. 부실채권을 통해 수익을 내기 위해서는 경매낙찰가와 낙찰가 대비 내가 배당을 받을 수 있는 금액을 예상하여 부실채권에 대한 매수금액을 현명하게 산정해내야 한다.

그런데 만약 경매 예상낙찰가는 2억 원인데 '부실채권 매매계약서'를 쓰고 나니 매수해야 할 부실채권금액이 2억 5000만 원이라면? 이 것은 낙찰받고 나서 5000만 원이 오히려 손해다. 아무리 1순위 근저당권을 양수해왔다고 하더라도 경매낙찰가가 2억 원이면 최대 배당금액이 2억 원을 넘을 수 없다. 당연한 논리다. 낙찰금액으로 채권자들에게 배당해 주는 거니까. 결국 이렇게 되면 부실채권을 구입해온 양수인은 5000만 원을 손해 볼 수밖에 없는 것이다.

이뿐만이 아니다. 요즘은 이런 부실채권을 개인에게 매각하는 기관의 직원들이 수강생들을 모아 학원에서 NPL 강의를 한다. 그리고 스승과 제자 관계로 제자들에게 부실채권을 마치 특별한 기회라도 되는 듯 선착순 매매를 하고 있다.

이때 선생이 진심으로 제자들을 위해 알짜물건을 공유해준 것이라면 다행이다. 상대의 이익을 통해 보람을 느끼고, 자신은 강의료를 받는 것으로 만족한다면 말이다. 하지만 사실상 그들 중에는 양심도 없이 불량채권을 제자들에게 양도하여 오히려 말도 안 되는 커미션(?) 등을 먹는 이들도 있다.

예를 들어 복합상가가 있다. 복합상가란, 동대문의 두타빌딩이나 밀리오레와 같이 각 층마다 3~5평 정도의 규모로 작은 소형가게를 하고 있는 '구분상가'를 의미한다. 이런 곳은 경매 매각 시 감정가 대비 20% 이하까지 떨어져 낙찰이 된다.

예를 들어 감정평가금액이 2억 원이라면 20%인 4000만 원 정도에 낙찰될 것이다. 사실 예상낙찰가를 산정해내기도 어렵지만, 만약 20%에 정확히 낙찰이 된다고 가정을 한다면 여러분은 얼마에 NPL을 매입해와야 하는가? 제정신이라면 무조건 4000만 원 이하로 채권을 매입해와야 한다.

하지만 불량한 선생들은 이렇게 말한다.

"감정평가금액 2억 원에 산정된 경매물건의 NPL을 가지고 왔습니다. 제자분들, 공부를 했으면 이제 실전을 통해 수익을 내셔야겠죠? 이 상가경매물건에는 1억짜리 근저당권이 설정되어 있고 1순위입니다. 이 근저당권과 채권을 무려 6000만 원에 여러분들께 매입할 기회를 드리겠습니다."

이것을 구입하면 어리석은 희생양이 되고 만다. 우리는 생각해야 한다.

'어떤 행운이 올 때 그 행운이 왜 이리 내게 쉽게 올까?'

사람은 집안에 돌아다니는 들쥐를 싫어한다. 그런데 어느 날 갑자기 그 쥐를 위해 사람이 방 한가운데 치즈를 놓고 나갔다고 하자. 그것도 아주 푸짐하게 말이다. 이때 현명한 쥐는 이렇게 생각할 것이다.

'사람들은 나를 싫어하는데 내가 좋아하는 치즈를 저렇게 많이 차

려 놓을 리가 없어. 이건 분명 함정이지 행운이 아닐 거야. 쥐약이 들어 있을 게 분명해!'

하지만 어리석게도 그것을 함정이 아닌 행운으로 생각한다면 그 쥐는 죽게 된다.

지금까지 한 이야기들을 요약하자면 'NPL 시장이 이미 대중화가 된 상태이기 때문에 많은 수요가 있는 만큼 가짜 행운들이 너무나 많다'는 점이다.

또한 아파트 NPL 가격은 수요가 많은 만큼 금액도 크다. 까딱 잘못 판단하여 매입한다면 내가 배당받을 수 있는 채권보다 경매낙찰가가 더 낮아 큰 손실을 보는 경우도 많다.

<神의 한 수>

그럼 어떻게 NPL 투자를 우리는 해야 하는가?

NPL 매각 유통시장에 아는 지인이 있어 몰래 빼먹지 않는 이상은 경매 공부를 열심히 하여 경매낙찰가를 예상하기 어려운 물건의 채권을 값싸게 매입해와 수익을 올리는 방법을 추천한다. 물론 그렇게 되려면 경매의 고수가 되어야 한다.

예를 들어 상가주택 부동산이 경매로 나왔고 그 부동산에 담보대출을 해준 채권자를 통하여 부실채권을 매입해 오려 한다. 이때 상가주택이 낙찰가 비교사례가 거의 없어 양도를 하려는 채권자쪽에서도 도

저히 얼마에 팔아야 최대한 이익인지 혼란에 빠지는 물건이라면 NPL 매수 희망을 하는 초보자들도 무턱대고 쉽게 살 수 없을 것이다. 왜냐고? 자신도 낙찰가를 예상 못하겠으니 얼마에 매입해와야 하는지 모르는 것이다.

당연히 수요가 줄어들기 때문에 해당 부실채권은 공급자 측에서 양도가격을 낮출 수밖에 없다. 이런 물건들을 잘 공략만 하면 나름대로 NPL이 가지고 있는 강점을 살려 수익을 낼 수 있지 않을까 생각한다.

답은 뭐냐고? 경매공부 열심히 하시라는 거다. NPL과 경매시장은 아주 밀접한 관계로 떼려야 뗄 수 없을 만큼 밀접하게 연관되어 있다.

Part 10

지분경매의 쏠쏠한 재미

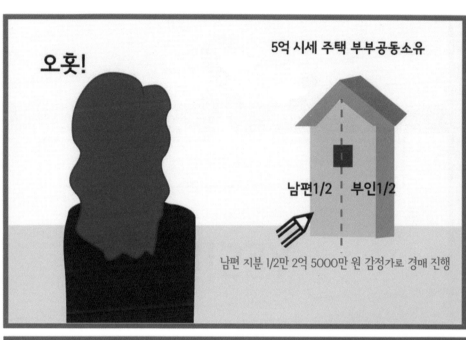

오홋!

5억 시세 주택 부부공동소유

남편1/2 부인1/2

남편 지분 1/2만 2억 5000만 원 감정가로 경매 진행

이게 바로 쏠쏠한 지분경매구나.
남편의 1/2지분만 1억 5000만 원에 낙찰받아야겠다.
반만 낙찰받는 것이니
온전한 주택 하나로 경매 진행되는 것보다 낮게 낙찰되겠지?

김말순 씨가 1억 5000만 원에 주택 1/2지분을 낙찰받으셨습니다

YES!!!!

좋아!
주택의 남편 1/2지분 2억 5000만 원짜리를
1억 5000만 원에 낙찰받는 데까지 성공했으니,
이제 이 대표님께 배운 대로 재미 한번 볼까?

판사님,
제가 주택의 1/2지분을 경매로 낙찰받았는데
공유물분할신청합니다

약 7개월 후

단독주택 전체 경매 진행

낙찰자 : 오새롬

낙찰금액 : 4억

경쟁률 : 6명

감정평가금액 5억

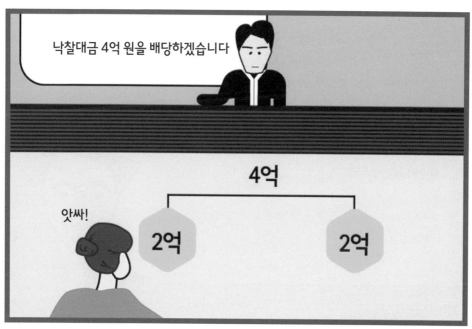

약 4~5년 전만 해도 이 기술이 많이 알려져 있지 않아서
아파트 지분 경매를 아주 값싸게 받아서 큰 수익을 남길 수 있었지만,
이 기술이 이제는 하향평준화되어
아파트의 경우, 지분 경매라도 거의 일반 물건과 비슷한 낙찰가를
기록할 정도로 경쟁률이 높습니다.
그래서 나중에 분할을 목적으로 한 경매를 하여
배당받아도 큰 수익이 없기도 하지요.

하지만 토지나 단독주택 등은 아직도 잘만 낙찰받으면
나름 타 금융상품들보다
훨씬 높은 수익성을 기록할 수 있습니다

지분경매를 이용한 투자의 기술을 만화를 통해 대략적으로 보았다. 지금부터 지분경매란 무엇이고 어떻게 수익을 낼 수 있는지 구체적인 방법을 알아보자.

지분이란 무엇일까? 말 그대로 공동 소유한다는 의미이다. 지분경매를 이해하기 위해서는 민법 공유물 파트를 공부해야 한다. 공유물이라는 것은 쉽게 말하면 하나의 물건을 2인 이상의 다수가 1/n로 공유하고 있는 것을 말한다. 이 공동소유물건은 '공유물과 합유와 총유'로 나누어지는데 경매를 공부하는 사람은 합유와 총유는 그리 중요하지 않고 '공유' 개념만 알고 있으면 된다.

대표적인 예가 결혼하여 아파트를 장만할 때 신랑과 신부 각자 1/2씩 공동명의로 소유권이전등기를 하는 것이다. 한 공유물을 1/2씩 부부가 각각 지분 형태로 소유권을 갖고 있는데, 만약 남편의 사업이 부도가 났다면 채권자들은 남편의 자산을 압류할 수 있을까?

당연히 할 수 있다. 지분도 엄연히 독립된 하나의 자산이기 때문인데, 이때 1/2 남편의 지분을 경매로 매각하는 것을 '지분경매'라고 말한다. 지분경매의 강점은 지분권자가 1/10의 지분을 갖고 있든 9/10의 지분을 갖고 있든 지분의 양과 관계없이 모두에게 '공유물분할청구권'이라는 권리가 주어진다는 점이다. 동시에 어느 한 지분권자가 상대 지분권자에게 공유물분할을 청구하면, 분할의 방법을 협의해야할 의무가 다른 지분권자에게 생기게 된다. 이때 분할하는 방법은 크게 3가지가 있다.

방법 1. 현물 분할(물건을 자르자. 가위로!)

방법 2. 대금 분할(통째로 팔아서 매매대금을 지분비율로 나누자.)

방법 3. 가격 배상(내 지분 너가 다 가져. 그리고 내 지분만큼 너가 돈을 줘.)

하지만 3가지 방법 모두 현실적으로 협의가 쉽지 않다.

방법 1은 건물의 경우 거의 불가능하다. 살고 있는 건물을 반으로 분할하면 사용 가치도 반으로만 줄어드는가? 건물이 찰흙이라면 반으로 나눈 후 몇 번 주물럭주물럭하면 되지만, 건물은 찰흙이 아니다.

방법 2는 현실적인 것처럼 보이지만 쉽지 않다. 공유물을 분할하고자 하는 사람과 공유물 분할을 생각지도 않은 사람과의 매매 금액은 서로 다를 수 있다.

방법 3 역시 방법 2와 같은 논리로 쉽지 않다.

그렇다면 어떻게 해야 하는가? 바로 법원에 재판상 분할신청을 하는 것이다. 현물 분할이 원칙이기는 하나, 현실적으로 어려우므로 판사는 결국 매각 분할을 선택하게 된다. 매각 분할이 뭐냐고? 판사님이 아는 지인들에게 팔아서 지분비율로 매매대금을 나누어 주는 것인가? 아니다.

바로 경매 진행을 의미한다. 경매로 건물 전체를 일괄 매각하여 매각대금을 지분권자에게 지분비율로 나누어 주는 것을 의미한다. 이때 왜 수익이 생기겠는가? 지분경매는 경매에서 소위 일컫는 특수한 권리가 존재하는 경매이다. 그런 만큼 낙찰가는 낮아지기 마련이다.

이렇게 낮아진 경매물건을 싸게 낙찰받아 공유물분할신청을 통해 경매로 매각하게 되면 온전한 하나의 부동산 전체를 1인이 낙찰받을 수 있기 때문에 특수한 권리들이 변수로 있지 않는 한 낙찰가는 지분경매일 경우보다 높다.

결국 가장 높은 낙찰가에서 지분비율로 배당되기 때문에 그 배당금액의 차이만큼 수익을 올릴 수 있게 된다.

요즘은 이런 지분경매가 이미 하향평준화 되어 경매 공부를 조금 한 사람이라면 이미 알고 있기 때문에 빌라나 아파트의 낙찰가가 그리 낮지 않아 큰 수익을 내기는 힘들다.

하지만 아직까지 단독주택의 경우 지분경매에서 나름 저렴하게 낙찰을 받을 수 있기 때문에, 낙찰 후 공유물분할신청을 통하여 경매 매각 후 배당수익으로 차익을 남기기에는 충분하다. 그렇다고 이 논리만 익혔다고 해서 아무 단독주택이나 싸게 낙찰받아서는 안된다. 권리분석을 통해 반드시 다른 리스크가 없는지 확인해야 한다.

<神의 한 수>

지분경매 시 입찰 전 반드시 체크해야 할 것

공유자우선매수신청
A와 B가 공동으로 소유하는 부동산에서 A의 지분만 경매로 진행될 시 전혀 이해관계 없는 C가 A의 지분을 낙찰받게 되면 C와 B는 이해관계가 없기 때문에 공동소유 시 분쟁이 생길 수 있다. 이에 A의 지분경매에 입찰한 사람들 중 낙찰자의 금액으로 현장에서 공유자 B에게 그 물건을 빼앗아 올 수 있는 강제적이고 우선되는 권리가 부여된다.

이러한 경우 '닭 쫓던 개가 지붕 쳐다보는 꼴'이 되는 것이기 때문에 1차적으로 입찰 전날 밤 경매정보지상 [법원문건접수] 내역을 통해 공유자가 [공유자우선매수신청서]를 접수한 기록이 있는지 체크해야 한다. 이것은 공유자가 이번 차수에서 아무도 입찰에 참여하지 않더라도 경매 진행 시 최저입찰금액으로 정해진 기준금액에 매수하겠다는 의미다.

하지만 공유자 우선매수신청서 접수가 없는 경우에도 법원 현장에서 공유자는 낙찰자가 낙찰받은 금액에 "공유자 우선매수신청하겠습니다"라고 육성으로 경매진행 집행관에게 이야기한다면 역시나 닭 쫓던 개의 신세를 면치 못하게 된다.

이것은 어찌 막을 길이 없다. 다만 경매를 오래 하다보면 공유자가 우선매수신청을 할 수 있는 자력이 있는지 없는지 감이 온다. 공유자가 우선매수신청을 현장에서 함으로서 낙찰자가 권한을 박탈당했던 사례가 실제로 있다.

소재지	경기 용인시 수지구 죽전동 883-1 죽전000 000동 000호				
경매구분	강제경매	채권자	㈜ 케이엠비		
용도	아파트	채무/소유자	손○○ 외 1인	낙찰일시	15.01.29 (187,350,000원)
감정가	209,000,000 (14.09.16)	청구액	178,767,123	종국결과	15.05.26 배당종결
최저가	146,300,000 (70%)	토지면적	전체 63.6㎡ 중 지분 31.8㎡ (9.62평)	경매개시일	14.08.28
입찰보증금	10% (14,630,000)	건물면적	전체 135.08 중 지분 67.54㎡ (20.43평)	배당종기일	14.11.11

낙찰자	김ㅇㅇ(공유자)
응찰수	10명
낙찰액	187,350,000 (89.64%)
2위	177,800,000 (85.07%)
3위	175,100,000 (83.78%)
4위	173,470,000 (83.00%)
5위	172,300,000 (82.44%)
6위	158,200,000 (75.69%)
7위	156,760,000 (75.00%)
8위	154,333,000 (73.84%)
9위	149,900,000 (71.72%)
10위	147,700,000 (70.67%)

앞 그림과 표를 보면 낙찰가는 187,350,000원이고, 그 금액을 적어낸 사람은 공유자가 아니었다. 하지만 낙찰자의 이름에는 김○○(공유자)라고 적혀 있다. 이게 바로 공유자우선매수신청의 결과이다. 1억 8700만 원대에 낙찰받았던 낙찰자는 굉장히 허탈한 마음으로 집으로 돌아갔을 것이다.

지금까지 만화+설명으로 경매 공부의 포인트를 잡아보았다. 이후부터는 만화를 중심으로 '경매 투자 시 꼭 알아야 할 알짜 기술'에 대해 알아보자.

Part 11

권리분석의 함정,
가처분

이 대표님, 보세요
제 와이프가 대표님 뺨치게 권리분석했죠?

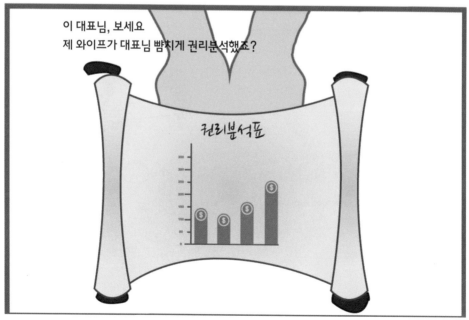

후순위라고 해도 말소되지 않는 가처분이 2가지 있습니다.
바로 '건물철거청구권을 이유한 가처분',
'소유권말소청구권을 이유한 가처분'입니다.
그런데 3순위, 4순위에 모두 들어 있네요.
즉, 소송 결과에 따라서
나중에 건물을 철거당할 수 있고
소유권도 당시 가처분을 신청한 사람에게
빼앗길 수 있습니다. 휴지가 되는 거죠

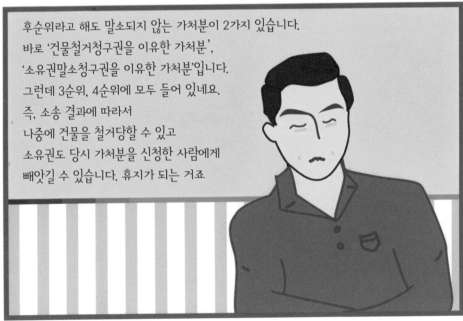

자기야,
오늘 일찍 들어와. 우리 얘기 좀 하자

Part 12

껍데기 가등기에 이런 변수가!

point ....

기존의 소멸시효가 중단되고 새로운 소멸시효가 시작되는 경우

1. 소멸시효가 진행되던 중 가등기권자가 소유권이전등기를 해달라는 청구를 한 경우
2. 소멸시효가 진행되던 중 가등기권자가 '압류 or 가압류 or 가처분' 등을 한 경우

오호라! 싸게 나왔네, 이 물건? 고수로서 분석해볼까?
음, 선순위가등기가 있어서 아무도 입찰을 안 하고 있구만.
낙찰받고서도 나중에 가등기를 한 사람이 본등기를 하면
소유권을 한 방에 빼앗겨 휴지조각이 될 수 있으니
초보자들이 두려워할 만하지.
하지만 가등기를 한 날짜가 2000년이네?

A주택 등기부
선순위 가등기
접수 2000년 4월
등기원인 2000년 4월 매매예약

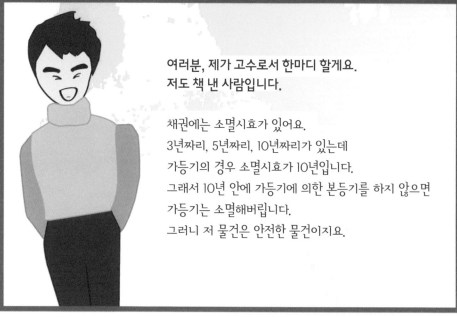

여러분, 제가 고수로서 한마디 할게요.
저도 책 낸 사람입니다.

채권에는 소멸시효가 있어요.
3년짜리, 5년짜리, 10년짜리가 있는데
가등기의 경우 소멸시효가 10년입니다.
그래서 10년 안에 가등기에 의한 본등기를 하지 않으면
가등기는 소멸해버립니다.
그러니 저 물건은 안전한 물건이지요.

이 대표님 찾아가서 공동투자나 하자고 해볼까나?
입찰할 돈이 조금 모자라네.
분명 좋아하실 거야

오랜만이야.
나의 첫 제자,
웬일이야?

대표님, 저 왔어요

당장 가서 소멸시효의 중단사유부터 있는지 체크해봐.

첫째,

소멸시효가 진행되던 중

가등기권자가 소유권이전등기를 해달라는 청구를 했다면

그때부터 소멸시효가 다시 처음부터 시작해

둘째,

소멸시효가 진행되던 중

가등기권자가 압류 or 가압류 or 가처분 등을 해도

역시 소멸시효가 중단되고 새로 시작한다고!

Part 13

경락잔금 경매 대출에 대한 오해

point ⋯⋯⋯

경매 경락잔금 대출 산정

–아파트의 경우

'낙찰가의 80%'와 'KB국민은행 시세의 일반평균가 60%' 중 더 적은 금액

–특수한 권리관계가 있거나, 길이 없는 '맹지'의 경우

특수한 권리의 금액만큼 대출 금액에서 제외되거나, 대출 자체가 어려울 수 있다.

우리 동네 아파트가 경매로 나왔네?

좋았어. 이거 낙찰받아야겠다.
이 아파트 급매가가 1억 9000만 원이니
나는 경매에서 1억 8500만 원 써내야지.

경매는 대출이 잘 나와서 좋다고 하던데...
낙찰가의 80%가 1금융권에서 나온다니
현금도 별로 필요 없고
아주 좋아!

탁!

본 아파트는 김처음 님께서 1억 8500만 원에 낙찰받으셨습니다

감사합니다

앗싸!
이제 1억 8500만 원에 낙찰받았으니
대출은 낙찰가의 80%인
1억 4800만 원이 나오겠네.
나머지 현금은 적금 깨서 내야지.
계산이 딱딱 맞네!

김처음 초보자는 심각한 상황임을 직감하고
떨리는 마음으로 이 대표를 찾아간다

대표님,
인터넷에서 찾아보니
경매낙찰가의 80%까지 대출이 나온다고 해서
그 계산으로 덜컥 아파트를 낙찰받았는데요,
은행에서 대출이 너무 적게 산정되었어요.
이유가 뭐죠?

161

이건 당연히 1억 1700만 원밖에 안 나오겠네요.
아파트의 경우
'경매 낙찰가 대비 80% vs KB국민은행 시세 60%'
둘 중 낮은 금액으로 결정됩니다.
물론 정부의 부동산 정책에 따라
DTI, LTV 규제 완화 등으로 KB국민은행 시세 70%로
10% 정도 더 올라갈 수는 있어도
앞서 말씀드린 기준으로 아파트 대출금액이 결정됩니다

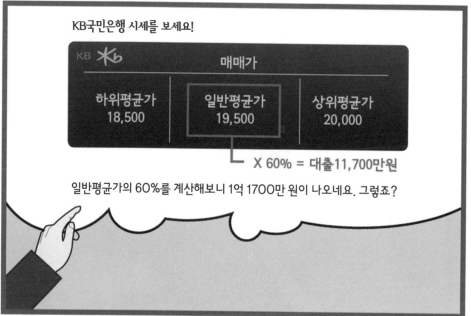

KB국민은행 시세를 보세요!

KB	매매가	
하위평균가 18,500	일반평균가 19,500	상위평균가 20,000

X 60% = 대출11,700만원

일반평균가의 60%를 계산해보니 1억 1700만 원이 나오네요. 그렇죠?

여러분!
경매 경락잔금대출에서 아파트의 경우,
KB국민은행 시세와 비교해보고
낮은 금액으로 해준다는 것을 잊지 마세요.
그 외 부동산은 '낙찰가의 80% VS 감정가의 60%' 중
더 낮은 금액으로 대출금액이 산정되기도 하고,
특수한 권리관계가 있을 시 대출이 전혀 안 나오거나
그 특수한 권리의 금액만큼 제외되고
대출금이 나오기도 합니다.
토지의 경우는 지목에 따라 대출금액이 달라지며
길이 없는 '맹지'의 경우는 대출 자체가 만만치 않습니다.
그 외에 여러 변수들이 있으니 입찰 전 미리
경매사건에 대한 대출 가능금액을 체크해보셔야 합니다

Part 14

겸용주택의 대항력을 공략한 투자

point

Q. 가게를 운영하면서 그 내부에 방 한 칸을 두고 숙박도 함께하는 경우 이 물건은 주택일까? 상가일까?

A. 사용하고 있는 공간의 50% 이상을 주택용도로 쓰고 있는 경우

→ 주택: 주택임대차보호법 적용 대상, 전입신고 인정

사용하고 있는 공간의 50% 미만을 주택용도로 쓰고 있는 경우

→ 상가: 상가임대차보호법 적용 대상, 전입신고 의미 없음

제가 세탁소 상가 물건에 입찰하고 싶은데
세탁소 주인이 선순위로 전입신고를 해서 대항력이 있는
것처럼 표시되어 있어요. 상가는 주택임대차보호법의
보호대상이 아니라 신경 안 써도 되는 거 맞죠?

그렇지 않아요.
우선 현장조사를 해서 주택으로 쓰고 있는 범위가
어느 정도인지부터 확인해보세요

no~no~

check

169

왜요?
상가면 상가고, 주택이면 주택 아닌가요?
범위는 또 무슨 말씀이신지...

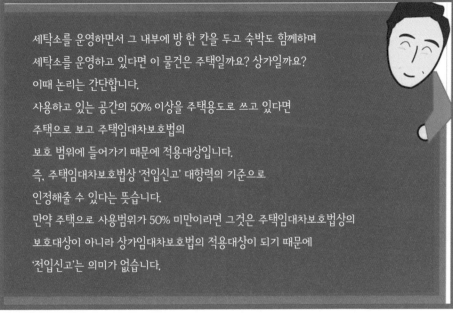

세탁소를 운영하면서 그 내부에 방 한 칸을 두고 숙박도 함께하며
세탁소를 운영하고 있다면 이 물건은 주택일까요? 상가일까요?
이때 논리는 간단합니다.
사용하고 있는 공간의 50% 이상을 주택용도로 쓰고 있다면
주택으로 보고 주택임대차보호법의
보호 범위에 들어가기 때문에 적용대상입니다.
즉, 주택임대차보호법상 '전입신고' 대항력의 기준으로
인정해줄 수 있다는 뜻입니다.
만약 주택으로 사용범위가 50% 미만이라면 그것은 주택임대차보호법상의
보호대상이 아니라 상가임대차보호법의 적용대상이 되기 때문에
'전입신고'는 의미가 없습니다.

대표님, 현장에 가 보니 내부가 이렇더라고요

주택/방 한 칸 1/5

세탁소 운영 상가 4/5

입구

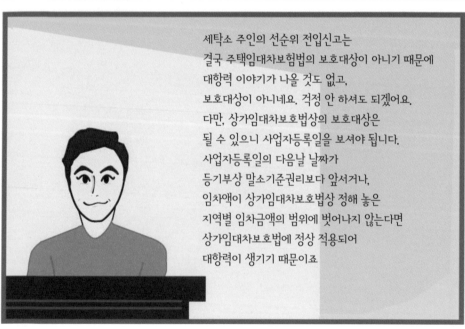

세탁소 주인의 선순위 전입신고는
결국 주택임대차보험법의 보호대상이 아니기 때문에
대항력 이야기가 나올 것도 없고,
보호대상이 아니네요. 걱정 안 하셔도 되겠어요.
다만, 상가임대차보호법상의 보호대상은
될 수 있으니 사업자등록일을 보셔야 됩니다.
사업자등록일의 다음날 날짜가
등기부상 말소기준권리보다 앞서거나,
임차액이 상가임대차보호법상 정해 놓은
지역별 임차금액의 범위에 벗어나지 않는다면
상가임대차보호법에 정상 적용되어
대항력이 생기기 때문이죠

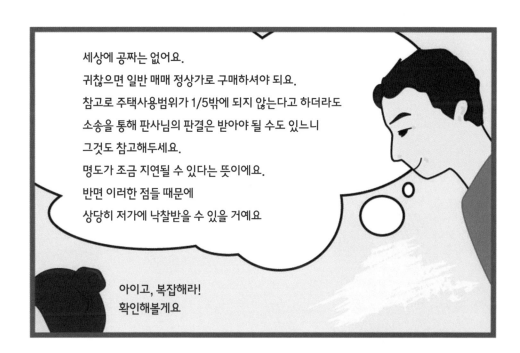

세상에 공짜는 없어요.
귀찮으면 일반 매매 정상가로 구매하셔야 되요.
참고로 주택사용범위가 1/5밖에 되지 않는다고 하더라도
소송을 통해 판사님의 판결은 받아야 될 수도 있느니
그것도 참고해두세요.
명도가 조금 지연될 수 있다는 뜻이에요.
반면 이러한 점들 때문에
상당히 저가에 낙찰받을 수 있을 거예요

아이고, 복잡해라!
확인해볼게요

173

Part 15

법정지상권 1
– 건물 제외, 토지만 경매로 나온 경우

point
법정지상권의 성립 요건
(※3가지 중 한 가지라도 빠지거나 순서가 바뀌면 안 됨)
1. 동일인이 토지와 건물을 소유한 상태에서
2. 저당권이 설정된 후
3. 저당권의 실행으로 경매가 진행될 때

저 땅이 너무 욕심나는데 위에 건물이 있네.
땅만 경매로 넘어가면 어떻게 되는 거야?
낙찰받아도 내 땅을 마음대로 활용 못하는 건가?
남의 건물이 위에 있으니...

휴, 대표님께 물어봐야지

대표님,
토지와 건물 중에서 토지만 경매로 진행되는데
제가 토지만 낙찰받으면 권리관계는 어떻게 되는 건가요?
다른 사람들도 저처럼 머릿속이 복잡해서인지
1억짜리 토지가 2000만 원까지 떨어졌어요

이때 알아야 할 개념이 법정지상권
(법률로 정한 조건 충족 시 지(地) 상(사용할 수 있는) 권리)입니다.

법정지상권이 성립한다면

건물 소유자는 토지 사용권이 있으므로

건물 철거를 하지 않을 수 있고,

법정지상권이 성립하지 않는다면 토지 낙찰자는

건물 소유자로 하여금 건물 철거를 요구할 수 있게 되는 겁니다

아하!

그럼 법률로 정한 조건에 충족이 되지 않으면
토지 낙찰 후 건물을 철거시킬 수 있겠네요?
그 조건에 대해 공부하고 현장조사를 해보면
답이 나오겠어요

끄덕끄덕

법정지상권은 사실

민법, 특별법, 관습법에서도 나오기 때문에 다 알면 좋지만

보통 우리들이 투자할 때는 '민법 제366조의 규정'만 정확하게 공부하고

그와 관련된 판례(판결기록)들을 통해 간접경험을 하면서 실무를 익혀나가면 충분할 거예요.

추가로 관습법상의 법정지상권도 공부해야 하는데

민법의 법정지상권 먼저 익히고 그 다음에 하시면 되요

첫째,

동일인이 토지와 건물을 소유한 상태에서

둘째,

저당권이 설정된 후

저당권

셋째,

저당권자가 저당권 실행으로 인한 경매 신청을 했을 때

이 3가지 중 한 가지라도
빠지거나 순서가 맞지 않으면
법정지상권은 건물 소유자에게 인정되지 않기 때문에
토지 낙찰자는 건물 소유자에게
법정지상권 부존재소송을 걸어 건물철거소송을 거쳐
철거시킬 수 있게 됩니다.

다시 잘 보세요!

1. 동일인이 토지와 건물을 소유한 상태에서

2. 저당권이 설정된 후

3. 저당권의 실행으로 경매가 진행될 때

이때에만 법정지상권이 성립됩니다

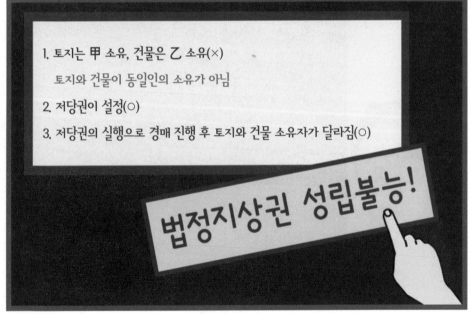

1. 토지는 甲 소유, 건물은 乙 소유(×)

   토지와 건물이 동일인의 소유가 아님

2. 저당권이 설정(○)

3. 저당권의 실행으로 경매 진행 후 토지와 건물 소유자가 달라짐(○)

법정지상권 성립불능!

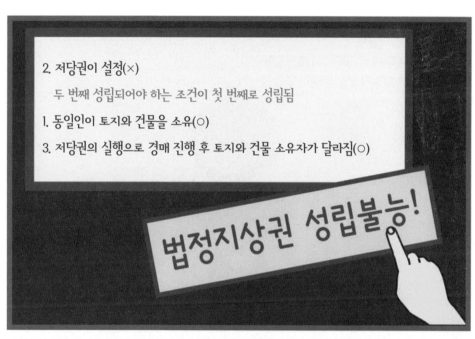

2. 저당권이 설정(×)

   두 번째 성립되어야 하는 조건이 첫 번째로 성립됨

1. 동일인이 토지와 건물을 소유(○)

3. 저당권의 실행으로 경매 진행 후 토지와 건물 소유자가 달라짐(○)

법정지상권 성립불능!

이런 식의 계산이 되는 겁니다.
민법 제366조에 뿌리를 두고
법정지상권과 관련된 다양한 상황의
가지들에 대해 빠삭하게 공부하면
법정지상권의 분쟁거리가 있는 물건을
값싸게 낙찰받아 큰 수익을 얻을 수 있습니다.
법정지상권을 가지고 무조건 2배 수익을
낼 수 있는 방법도 있고요
(우리옥션 홈페이지 강의 코너 참고)

대표님, 감사합니다.
오늘부터 민법 제366조의 법정지상권과
관습법상 법정지상권 문제에 대해 열심히 공부해서 꼭 투자에 성공하겠습니다

Part 16

법정지상권 2
- 수익모델 찾기

point

토지를 낙찰받았는데, 목표한 것과 다르게 법정지상권이 건물 소유자에게 성립된 경우

→ 지료청구소송 → 감정가 기준 4~5%로 지료를 받을 수 있음

※건물 주인이 지료를 2년 동안 연체 시 '형성권'으로 법정지상권을 소멸청구할 수 있다.

건물은 제외하고 토지만 경매가 진행되네?

토지: 경매 진행   건물: 매각 제외
감정가: 2억 원

먼저 법정지상권의 성립 유무를 따져봐야지. 법정지상권이
건물 소유자에게 성립이 되지 않으면 건물을 철거시킬 수 있으니까.
특수한 권리 때문에 입찰 경쟁률도 낮을 것 같은데...
토지를 반값 이하에 낙찰받는다면 진짜 큰 수익이 되겠어

?!?!

말씀하신대로 법정지상권의 성립 유무를 잘 분석했음에도 불구하고
민사소송은 해봐야 하는 것이고,
분석 시 아주 작게나마 놓친 부분이 있는 경우
결과는 완전히 달라질 수 있어.
그래서 잘 분석하고 입찰한 중수 이상의 사람들도
법정지상권 부존재소송에서 패소하기도 해.

아, 저 불안해서 못하겠어요.
차라리 복리예금이나 하나 가입하고
입금해 놓는 게 낫겠어요.
제가 겁이 많아서...

이런 바보!

잘 들어봐.

제가 왜 바보예요?
성향 차이지!

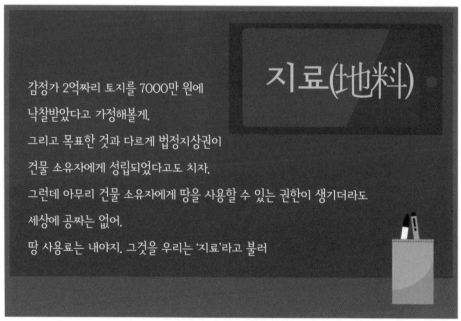

지료(地料)

감정가 2억짜리 토지를 7000만 원에
낙찰받았다고 가정해볼게.
그리고 목표한 것과 다르게 법정지상권이
건물 소유자에게 성립되었다고도 치자.
그런데 아무리 건물 소유자에게 땅을 사용할 수 있는 권한이 생기더라도
세상에 공짜는 없어.
땅 사용료는 내야지. 그것을 우리는 '지료'라고 불러

보통 지료청구소송을 하면 빠르면 6개월 내에 조정을 통해 결정돼.
이게 포인트야!
협의가 되지 않으면 지료는 감정가 기준으로 4~5%에 결정이 되고.
물론 땅의 가치가 떨어지면 지료는 더 낮을 수 있어.

하지만 감정가의 5%라고 가정해보자.
2억×5%=연 1000만 원

그런데 너가 낙찰받은 금액은 7000만 원이야.
7000만 원 대비 연 1000만 원이 지료로 들어오면
수익이 5%가 아니라 10%나 되잖아

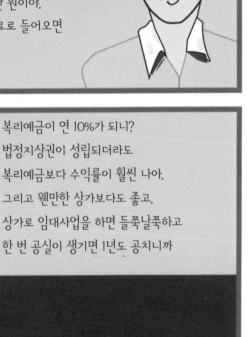

복리예금이 연 10%가 되니?
법정지상권이 성립되더라도
복리예금보다 수익률이 훨씬 나아.
그리고 웬만한 상가보다도 좋고.
상가로 임대사업을 하면 들쭉날쭉하고
한 번 공실이 생기면 1년도 공치니까

10%

2.3% 3.6%??

대박인데요? 오~

이게 끝이 아니야

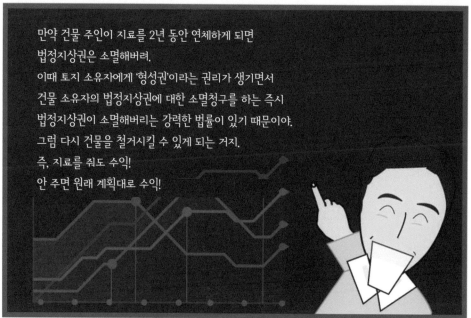

만약 건물 주인이 지료를 2년 동안 연체하게 되면
법정지상권은 소멸해버려.
이때 토지 소유자에게 '형성권'이라는 권리가 생기면서
건물 소유자의 법정지상권에 대한 소멸청구를 하는 즉시
법정지상권이 소멸해버리는 강력한 법률이 있기 때문이야.
그럼 다시 건물을 철거시킬 수 있게 되는 거지.
즉, 지료를 줘도 수익!
안 주면 원래 계획대로 수익!

Part 17

전세권자 권리분석 실수의 허

point ....

선순위 전세권자이면서 임차권자로서 대항력도 갖춘 세입자가 선순위 권리자일 때 해당 세입자가
주택임대차보호법상의 '임차권'이 아닌 '선순위 전세권'으로 배당요구를 하는 경우가 있다.

'선순위 전세권'은 '물권'으로써 물건에 대한 권리를 갖고 있어 경매로 넘어갔을 시 건물에 대한 배
당만 되고 토지에 대한 배당은 되지 않기 때문에, 전세금에 대한 배당금액이 부족한 경우가 종종
있다.

전세권은 배당을 통해 등기부등본에서 말소되지만, 세입자는 선순위 임차권의 지위를 통해 낙찰
자에게 배당되지 않은 보증금을 요구할 수 있다.

2억 짜리 주택을 1억 5000만 원에 낙찰 받으셨습니다.

야호~ 이제 잔금 납부를 한 뒤 소유자로서 당당히 현재 살고 있는
전세권자에게 집을 비워달라고 해야지!
어차피 전액 배당받으니... 안 나가겠다 못할 거고
돈 다 받으니 인상 찌푸릴 일도 없고, 좋네 아주~

대표님 ~~~

대표님, 제가 감정가 2억짜리 주택을
1억 5000만 원에 낙찰받았거든요.
그 주택에는 전세금 1억에 살고 있는
선순위 전세권자가 있었어요.
그럼 선순위 전세권자라 1억 전액을 배당받았어야 하는데
5000만 원밖에 못 받았다고 하네요?
다 못 받은 것도 이상하고요. 못 받았다고 하더라도
전세권자는 물권이라서 배당요구했으면
소멸되기 때문에 저한테 대항력이
없는 거잖아요

1억 5000만 원에 주택이 낙찰되었고,
선순위 전세권자가 1순위임에도 불구하고
왜 5000만 원밖에 배당을 받지 못했을까요?
바로 '채권'이 아닌 '물권'이기 때문입니다.
그 단독주택은 토지와 건물을 일괄매각을 한 것입니다.
하지만 전세권자는 단독주택인 건물 등기부에만 전세권을 설정했어요.
그러니 건물매각대금에 대해서만 배당이 되었던 겁니다.
그러니 배당이 부족한 것이고요.

또 한 가지!!

전세권자가 전세권에 기한 배당요구 후
전세권이 말소된 뒤에도 배당금이 부족하다고
대항력을 주장하며 나머지 5000만 원을
줄 때까지 못 나간다고 할 수 있는 이유는…
민법상 전세권에 기한 대항력은 없더라도
주택임대차보호법상으로 보호받을 수 있는
'전입신고'로 선순위를 갖추고 있었기 때문입니다.
전세권 설정 전에 임대차계약까지 했던 것이고
전입신고날짜 또한 선순위라서 주택임대차 보호법상
대항력이 있기 때문에 그 대항력으로
나머지 5000만 원을 요구하는 것이지요

하지만 그 전세권자도 놓친 것이 있어요.

그 전세권자가 임차권으로 대항력이 있고 우선변제권(순위 배당)을 위한

확정일자까지 갖추어 놓았었다면, '임차권'으로서 배당요구를 했어야 되요.

임차권은 엄연히 채권이고, 채권은 특성상 개방에 대한 권리이기 때문에

특정 상대방 명의의 자산인 건물과 토지를 가리지 않고 1순위로 배당을

해주기 때문이지요. 그럼 전액 배당을 받을 수 있었을 것이고,

5000만 원을 따로 요구할 일도 없었을 겁니다.

Part 18

선순위임차인에게
대항력이 없는 경우

point

다음 3가지 모두 조건을 갖추면 선순위임차인의 보증금을 끌어안지 않아도 된다.

1. 낙찰가가 선순위임차인의 보증금 배당 가능 금액일 것

2. 배당요구를 하였을 것(매각물건명세서로 확인)

3. 임차인의 보증금이 소액임차인최우선변제금액보다 많을 시 확정일자(우선변제권)가 낙찰가 대
비 보증금 배당을 받을 수 있는 순위일 것

대표님, 제가 꿈에 그렸던 꿈에구린 아파트에
선순위임차인이 있어서 보증금 인수 문제 때문에
좌절 중이에요

그래요?
분석하신 서류 한 번 보겠습니다.
꿈에 그렸던 꿈에구린이 물 건너가게
생겼네요.
꿈의구린 말고 푸름지오도 좋은데
꼭 꿈의구린만 고집하시네요

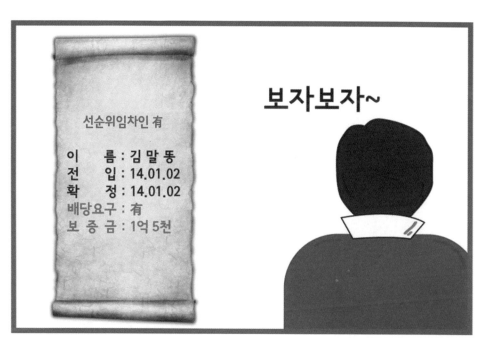

선순위임차인 有

이　　　름 : 김 말 똥
전　　　입 : 14.01.02
확　　　정 : 14.01.02
배당요구 : 有
보　증　금 : 1억 5천

보자보자~

이곳 시세가 3억이고
이번에 한 번 저감되어
2억 1000만 원이 최저입찰가인데,
그 이상 금액으로 입찰해보려고 하시는 거죠?

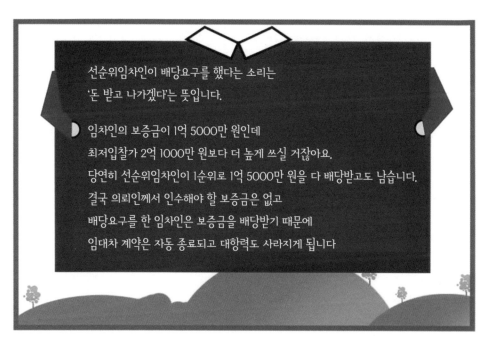

선순위임차인이 배당요구를 했다는 소리는
'돈 받고 나가겠다'는 뜻입니다.

임차인의 보증금이 1억 5000만 원인데
최저입찰가 2억 1000만 원보다 더 높게 쓰실 거잖아요.
당연히 선순위임차인이 1순위로 1억 5000만 원을 다 배당받고도 남습니다.
결국 의뢰인께서 인수해야 할 보증금은 없고
배당요구를 한 임차인은 보증금을 배당받기 때문에
임대차 계약은 자동 종료되고 대항력도 사라지게 됩니다

와, 진짜요?
대표님, 고맙습니다!

한 가지는 꼭 명심하세요.
선순위임차인이 확정일자도 선순위로 날짜를 갖추었는지요!

확정일자는 곧 우선변제권이고,
이게 있어야 1억 5000만 원과 같은 전세금이 배당 가능합니다.
'확정일자=우선변제권'
확정일자가 없으면 소액임차인최우선변제금이라고 쥐꼬리만큼밖에 배당이 안 되고
의뢰인께서 다 인수하셔야 됩니다.

결국 이 3가지가 포인트입니다!

1. 낙찰가가 선순위임차인의 보증금 배당 가능 금액일 것

2. 배당요구를 하였을 것(매각물건명세서로 확인)

3. 임차인이 확정일자도 선순위 날짜로 꼭 갖추었을 것

대항력이 없는 임차인 명도

point

대항력이 없는 임차인이 배당금 문제로 비워주지 않을 시 내용증명

제가 소유자가 된 시점부터 점유자께서는 무상으로 불법점유 중이십니다. 제가 매월 월세를 받았더라면 올릴 수 있는 기회비용을 점유자께서 침탈하고 계신 것이기 때문에 명도에 협조해주시지 않는다면, 제가 소유자가 된 날로부터 '감정가×연 20%+지연이자'를 포함하여 선생님의 배당금액을 압류하고자 합니다. 시간이 지연될수록 배당금액은 소멸하여 배당금이 다 소멸하고 나면 즉시 강제집행을 하려고 합니다. 저로서는 어쩔 수 없는 선택이오니 부디 양해바랍니다.

또한 점유자께서 현 배당금을 법원으로부터 수령하시기 위해서는 '저의 명도확인서(집을 비워줬다는 확인서)와 인감증명서'를 지참하여 법원에 가야만 공탁되어 있는 배당금을 수령할 수 있습니다. 이러한 관계를 현실적으로 직시하고, 미배당된 보증금은 전 소유자에 대한 채권으로서 전 소유자에게 행사하시기 바라겠습니다.

좋아, 낙찰 성공! 이제 집 비워달라고 해볼까?
이게 바로 명도구나.
집을 빨리 비워줄수록 내게 이득이니까
음료수 한 박스 사가지고 가서 조리 있게 잘 설득시켜야지.
말은 내가 쫌 하지.
국어국문학과 출신이니!

YES!

202호

누구슈?

계세요?

202호 낙찰받은 사람입니다.
제가 시간을 넉넉하게 드릴테니
다음 달 말까지 이사 좀 해주셨으면 좋겠어요.
저도 대출을 많이 받아서
빨리 세를 주지 않으면 이자를 내느라 마이너스라서요.

없는 형편에 집을 사기는 했지만
최대한 저도 협조해서 넉넉히 다음 달 말까지 부탁드릴게요

이게 얼마만이에요?
개풀 뜯어 먹는 소리~

202호

211

대표님, 대항력도 없는 임차인이
보증금 배당 다 못 받았다고 못 비워주겠다네요.
어떻게 처리할까요?

그 부분에 대한
가이드라인도 없이
무작정 낙찰받으신 거예요?
에휴...

에휴...

일단 대항력이 없는 임차인이니
법원 민사집행과 경매계에 가서
인도명령신청서를 작성하고 제출하세요.
그럼 약 2주 뒤에 변수가 없는 한
인도명령결정문이 나올 겁니다.
인도명령결정문이 있어야 나중에
말이 정말 안 통할 때
그 결정문을 집행권으로 해서
강제집행을 할 수 있거든요

그 다음 현 점유자에게 이렇게 내용증명을 보내세요

제가 소유자가 된 시점부터 현 202호 점유자께서는

무상으로 불법점유 중이십니다.

매월 월세를 받았더라면 올릴 수 있는

기회비용을 202호 점유자께서

침탈하고 계신 것이기 때문에 명도에 협조해주시지

않는다면, 제가 소유자가 된 날로부터

'감정가×연 20%+지연이자'를 포함하여

선생님의 배당금액을 압류하고자 합니다.

시간이 지연될수록 배당금액은 소멸하여

배당금이 다 소멸하고 나면 즉시 강제집행을 하려고 합니다.

저로서는 어쩔 수 없는 선택이오니 부디 양해바랍니다.

또한!

202호 점유자께서 현 배당금을 법원으로부터 수령하시기 위해서는

'저의 명도확인서(집을 비워줬다는 확인서)와 인감증명서'를 지참하여

법원에 가야만 공탁되어 있는 배당금을 수령할 수 있습니다.

이러한 관계를 현실적으로 직시하고, 미배당된 500만 원의 보증금은

전 소유자에 대한 채권으로서 전 소유자에게 행사하시기 바라겠습니다

그렇게 내용증명은 우체국을 통해 보내졌고, 며칠 뒤...

내용증명 잘 봤어요.
저기...
그래도 한 200만 원만 주시면
제가 더 빨리 이사할게요.
죄송했어요

와~ 이게 얼마만이에요?
개풀 뜯어 먹는 소리~

Part 20

경매기록 열람하여
가짜 임차인을 명도하는 법
(Part 5 보충편)

point ···

가족으로 의심되거나 정체불명의 선순위 전입자가 있을 때

: 이해관계인인 채권자를 찾아가 설득한 뒤, 함께 법원의 경매기록(주민등록등본)을 열람·복사해 오면 끝!

217

법원에서는 해당 경매사건에 대하여
담당 경매계가 모든 서류를 모아두고 있으니,
집행관이 열람했던 주민등록등본도 함께 담겨
있을 거야. 그 경매기록을 열람하면 좋겠는데,
이해관계인이 아니면 열람할 수 없으니 방법을 생각해보자

옳거니! 등기부등본을 보니 개인 가압류권자가 있네?
이 사람은 이해관계인이니 찾아가보자

* 등기권리분석
-근저당권 : 2011.01.01(말소기준)
-가압류 : 2012.01.01

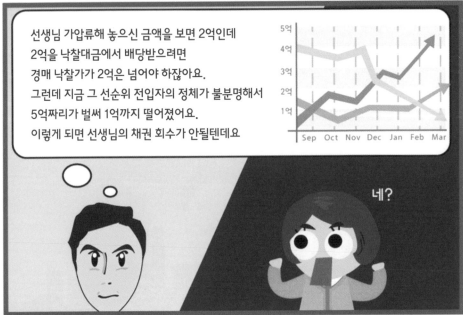

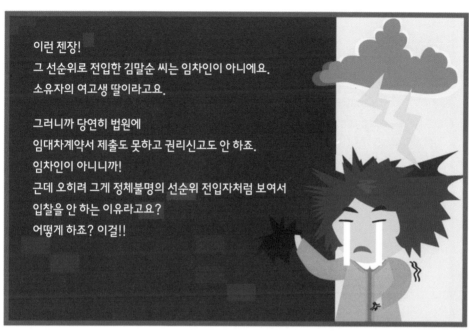

이런 젠장!
그 선순위로 전입한 김말순 씨는 임차인이 아니에요.
소유자의 여고생 딸이라고요.

그러니까 당연히 법원에
임대차계약서 제출도 못하고 권리신고도 안 하죠.
임차인이 아니니까!
근데 오히려 그게 정체불명의 선순위 전입자처럼 보여서
입찰을 안 하는 이유라고요?
어떻게 하죠? 이걸!!

제 생각에는 법원에 경매기록을 보면
주민등록등본이 첨부되어 있을 것 같아요.
근데 저는 이해관계인이 아니라 못 보지만 가압류해 놓으신
채권자 선생님께서는 열람·복사가 가능하거든요.
사례비는 드릴 테니 같이 가주시죠.
저는 그 서류가 있으면 선생님께서 배당을
충분히 받을 수 있는 금액으로 입찰하려고 해요

갑시다! 법원~

Part 21

비오톱 산지(임야)의 위험성

point

비오톱 산지(임야)

1. 1~5등급까지 나누고 범위를 지정하여 5년마다 타당성 검토를 하여 더 지정하거나 해제시키곤 한다.

2. 토지 소유자의 개발행위가 불가능하기 때문에 투자는 피하는 것이 좋다.

224

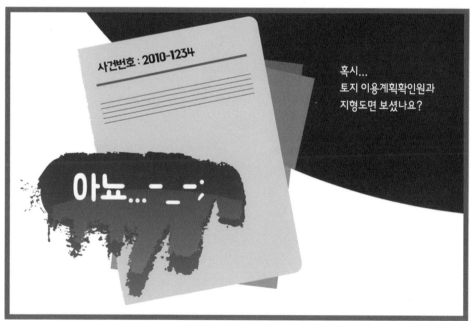

자~ 봅시다!

이 산지는 비오톱 1등급입니다.

비오톱은 서울특별시 도시계획 조례로 정하고 있는데, 1~5등급까지 나누고

범위를 지정하여 5년마다 타당성 검토 후, 더 지정하거나 해제시키곤 합니다.

식물과 동물이 하나의 생활공동체를 이루며 균형 있게 공존하기 위해 만든 법률이죠.

결론적으로 국가의 개발계획이나 토지 소유자의 개발행위는 불가능하기 때문에

나무와 멧돼지에게 월세를 받을 작정이라면 얼마든지 투자해도 좋습니다

어휴, 큰일 날뻔했네요.
그래서 최저입찰가가 이렇게까지
떨어진 거였군요?
누구나 입찰을 꺼렸을 테니...
그런데 비오톱이
서울특별시 도시계획 조례로 정하는 거니까
서울이 아니면 되는 거네요?

아직까지 지방은 비오톱 규제가 없습니다.
다만 지방까지 확대될 예정이오니 참고하시기 바랍니다.

아, 그리고 5년마다 타당성 검토를 하기 때문에 혹시나
비오톱 5등급짜리를 보유하고 있다가 5년 뒤 해제가 되어
땅값이 오를 기대로 투자를 하신다면
생계자산이 아닌 잉여자산으로 하시기 바라며
개인적으로는 복권을 사는게 더 나을 듯합니다.
여러분, 서울 산지(임야)에는 비오톱 산지가 많습니다.
그 점 꼭 유의하셔서 실패 없이 목적대로 활용할 수 있는 곳에
투자하시기 바라겠습니다

227

Part 22

전세권자인데
경매 신청이 되지 않는 경우

point

다가구주택과 같이 전체 한 동의 건물이 하나의 소유권으로 되어 있을 시에는 일부 호수의 전세권자가 경매 신청을 할 수 없다.

하지만 아파트와 같이 호수 별 독립된 소유권을 갖추고 있는 구분건물(집합건물)의 경우에는 해당 하나의 호수가 하나의 독립된 소유권이기 때문에 해당 호수의 전세권자는 전부 전세권자로서 경매 신청이 가능하다.

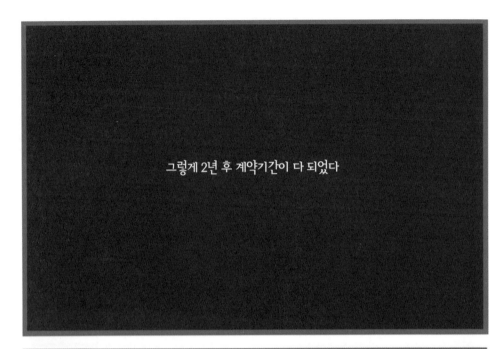

그렇게 2년 후 계약기간이 다 되었다

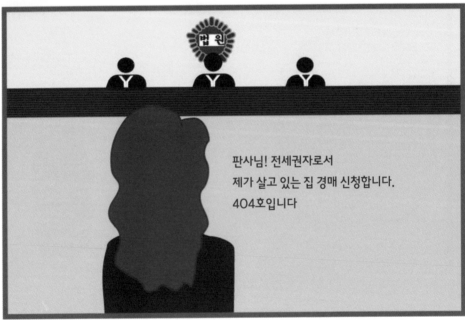

233

Point

지금 살고 있는 곳은 다가구주택입니다.

다가구주택은 건물 전체의 소유자가 1명입니다.

그 1인이 각 호수별로 전세를 준 모양인데

이때는 전세권에 기한 경매 신청을 할 수 없습니다.

건물 전체가 소유자 1인이기 때문에 건물 전체를

경매 진행해야 하는데, 그중 일부인 404호의 채권으로 인해

건물 전체를 통으로 경매로 넘긴다면

그 외의 나머지 세입자들에게는 부당한 일이 되기 때문이죠.

그래서 다가구 주택의 호수별 세입자 전체가 함께

경매 신청하지 않는 한 불가능하다는 소리입니다

하지만 아파트나 빌라와 같은 집합건물은 다릅니다.

집합건물의 경우는 각 호수별 독립된 소유권을 갖고 있습니다.

그래서 호수별 분양을 할 수 없는 것이지요.

이런 집합건물 중 한 호수의 전세권자였다면 경매 신청을 할 수 있습니다.

하지만 다가구는 건물 전체를 한 명이 소유하고 있는 것이기 때문에

그 건물 내 일부 전세권자가 단독으로

건물 전체를 경매 진행시킬 수 없는 것입니다.

이해가 되시나요?

Part 23

세금 아끼는 이중계약서의 함정

point

이중계약서는 위법이며 작성하지 않아야 한다. 단속에 걸렸을 시에는 매도자와 매수자 모두 상당한 과태료가 나온다.

좋아요.
대신 진짜 계약은 4억 5000만 원으로 쓰되
거래신고용 계약서를 따로 한 장 더 주세요.
3억에 매매한 것처럼 제출하게요.
제가 세금 때문에 골치가 아프거든요

네, 그렇게 할 게요

계약 후 2년 뒤

휴, 남편 직장 이전 때문에
본전 4억 5000만 원에라도 얼른 팔고 이사 가야겠네.
이 인간은 어떻게 매번 발령이 나서 사람을 귀찮게 해

가만!
난 4억 5000만 원에 사서 4억 5000만 원에 팔기 때문에
양도소득이 없는데 세금이 나오겠네?
내가 취득 당시 3억에 매수한 걸로
계약서를 한 장 더 써서 그걸로 신고했으니...
난 4억 5000만 원-3억=1억 5000만 원이니
1억 5000만 원에 대한 세금을 내야 되는 거 아니야?

과거 부동산 거래를 하면서
이중계약서를 작성하여 허위신고하셨군요?
취득세 2%에 해당하는 금액을 과태료(1개월 지연 시 1배, 2~3개월 지연 시
2배, 3개월 이상은 3배)로 준비하시기 바랍니다

안 돼~~~~~~~!

여러분, 이중계약서는 위법이며
작성하지 않으셔야 합니다.

단속에 걸렸을 시에는
매도자와 매수자 모두 상당한 과태료를
선물로 받게 되니 말이죠

Part 24

상가 경매 vs 상가 매매

point ....

일반 매매보다 경매가 좋은 이유

경매로 사면 물건 가격에 대한 부가가치세 10%를 내지 않는다.

단, 상권분석과 수익성에 대한 심층적인 분석이 더 세밀하게 필요하다.

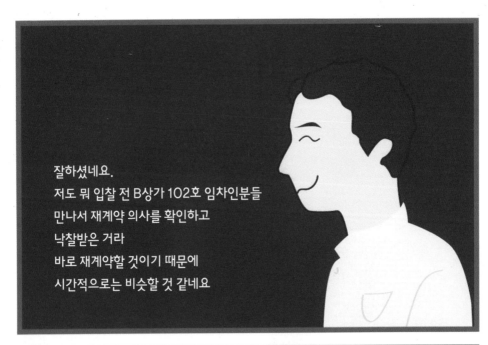

잘하셨네요.
저도 뭐 입찰 전 B상가 102호 임차인분들
만나서 재계약 의사를 확인하고
낙찰받은 거라
바로 재계약할 것이기 때문에
시간적으로는 비슷할 것 같네요

아, 그렇구나!
그럼 똑같네요. 투자금액부터 진행과정들이...

A상가 201호

B상가 202호

그건.. 아니지...

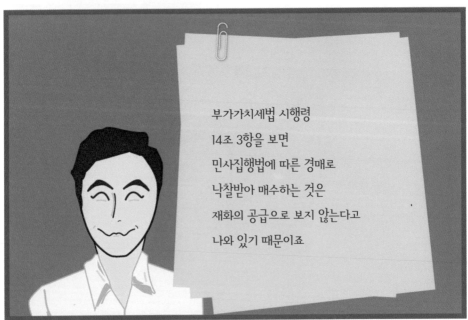

아, 그렇군요!
그럼 다음에는 저도 경매로 받아야겠어요

다만 조심해야 할 것이 있어요.
상권분석과 수익성에 대한
심층적인 분석이 더 세밀하게 필요해요.
상가 주인이 상가담보대출을 받고
운영 중에 그 대출이자를 내지 못해서
경매로 나오는 경우에는 특히 더 그래요.
장사가 잘되는데 대출이자를 왜 못 내서
경매로 나오겠어요?

Part 25

투자 통찰을 위한 길

point ···

국가종합계획을 확인할 수 있는 사이트
: http://www.molit.go.kr
도시기본계획을 확인할 수 있는 사이트
: 각 시, 군의 홈페이지

부동산에 대한 기술적 공부는 기본이고,

20년 단위로 만들어진 국가최상위 계획인 국가종합계획부터

하위 계약인 특, 광, 시, 군, 별 도시기본계획까지 섭렵한 뒤,

앞으로 지역별 발전 방향에 대한 이해가 따라야 합니다

아, 맞다! 그 계획들 국민이면 누구나
인터넷으로 다운받아 볼 수 있다고 하셨지요?
그럼 그것만 보면 저도 통찰력과 안목이 생기는 건가요?

우리가 사랑이라는 주제로 영화를 보면 어떤가요?
누구나 재미있어 합니다.

배우의 대사, 눈빛, 행동, 배경 음악 등으로
내용을 파악하기 쉽고,
기승전결이 분명하기 때문이죠.

어떠한 상상도 할 필요 없이 가만히 앉아 있으면
다 떠먹여 줍니다. 그래서 영화는 누구에게나 재미있습니다.
통찰이 필요 없지요

같은 주제인 '사랑'을 발레로 보세요

영화와는 다르게 고정된 배경에 발레리나 한 명이 나와서 빙빙 돌다가
픽! 쓰러지더니 사랑이라네요.
30분이 지나면 관객의 절반이 졸고 있어요

우리는 생략된 것에 익숙하지 못합니다.
다 떠먹여 주는 것에만 익숙해져 있으니
보이질 않지요.
온몸의 오감과 육감이 모두 죽은 것과 다름없습니다.

그런데 어찌 통찰을 할 수 있겠어요?
통찰과 직관 그리고 안목은
보이지 않는 이면을
볼 수 있는 능력인데 말이죠

256

아닌 것같지요?
여러분들께 사랑을 표현해보라고 하면 몇 가지로 압축이 됩니다.
하트에 큐피트 화살이 지나가는 것, 남녀가 키스하는 모습
그 외 몇 가지를 제외하고는 상상 불가입니다.

그래서 우리는 온몸에 오감과 육감을 살려내고
생략된 것들을 이해하는 연습이 필요합니다

연극, 미술, 발레, 클래식 등
예술과 친해지고 내 안의 감각들을 살려
이해하는 연습을 많이 하면 할수록
투자를 하는데 있어서도 포착하는 것이 틀리고
느낌이 달라지기 시작합니다.
그렇지 않고 늘 기삿거리 수집해서 조합해보고,
발표된 이슈거리 찾아다니면서 목동 아파트가 내렸나 올랐나만
쳐다보고 있는 것만으로는 절대 투자로 내 인생이 달라질 수 없습니다.
늘 죽은 감각으로는 정보의 홍수 속에서 헤어 나오기 어려운 것이죠.

에필로그

계획한 분량이 되어 이렇게 마무리를 짓습니다. 경매를 처음 접하신 분들께 투자 시 각 파트에 있는 내용들이 꿀팁이 되고, 이것을 양분삼아 경매 기초와 이론이 더 탄탄해져 좋은 기회가 오길 바랍니다.

법원경매는 이미 초대중화가 되어 권리상 하자가 없는 일반 경매물건의 경우는 90% 이상의 가격으로 많은 초보자분들이 입찰을 시도하기 때문에 과도한 경쟁으로 급매보다 못한 낙찰가로 낙찰되는 경우가 허다합니다. 따라서 무작정 경매를 열심히 공부했느냐보다, 기초를 탄탄히 하고 특수권리에 대한 이해를 바탕으로 그것을 응용할 수 있는 능력이 수익의 당락을 결정하게 됩니다.

물론 전반적으로 이해하고 깊이는 있어야 하나 모든 고수들은 자신이 가장 잘할 수 있는 기술 한 가지를 송곳처럼 날카롭게 갈아 그러한 권리가 있는 물건에 투자합니다. 한 기술에 득도하고 한 용도의 물건에 파고드는 것이 높은 투자 수익을 꾸준히 달성하는데 도움이 될 것입니다. 그렇다고 특수권리인 유치권, 선순위임차인, 선순위가등기, 법정지상권, 지분경매, 토지별도등기, 분묘기지권 등 특수한 권리만

통습한 고수가 되겠다는 자세는 좋지 않습니다.

　이 부분 꼭 명심하셨으면 좋겠다는 마음으로 이 책을 마무리합니다. 대한민국 경매투자자 및 독자분들 모두 화이팅입니다! 경매가 안전하고 지혜롭게 경제생활에 이바지되기를 진심으로 바랍니다.